世界最高の学級経営

ハリー・ウォン／ローズマリー・ウォン 著　稲垣みどり 訳

the FIRST DAYS OF SCHOOL
—— How to be an effective teacher

成果を上げる教師になるために

東洋館出版社

the FIRST DAYS OF SCHOOL
How to be an effective teacher

献辞

両親に捧げる

両親は、私が脳外科医になることを望んでいました。
私自身、その期待を上回ることができたと思っています。
そう、私は学者になり、そして教師になったのです。

ハリー・K・ウォン

ミスター・フレデリック・マッキーに捧げる

私の新任教師時代の校長であったミスター・マッキーは、私に「学級経営をもっと学ぶ必要がある」と言いました。至らなかったことを教えてもらえて、感謝していま す。あれから私は学級経営を学び、成長することができました！

ローズマリー・T・ウォン

序 文：日本の先生方へ

「私たちは、あなたが子どもを変えられると信じている」

・成果を上げる教師の特徴

私たちは世界を旅して、様々な学校を訪れました。成果を上げる教師が担任しているクラスというのは、ひと目見ればすぐにわかります。過去60年間の研究の成果である三つの特徴が表れているからです。

1 **学級経営**がすばらしい

2 子どもの**学び**と**熟達**のために授業を行うことを心得ている

3　子どもの成功に対して**前向きな期待**を持っている

成果を上げる教師の存在が、子どもの学びを確かにする一番大事な要素だということは、数々の研究で明らかになっています。

・本当にうまくいく

本書では、この三つの特徴を実践するための方法を説明しています。本書は、売上げ部数が400万部に達していて、教育書として全世界で一番売れている本です。

多くの教師が本書を買う理由は、読んだ教師が実践し、本人・クラスにすばらしい結果が出ているからです。本書に書いてあることを実践すると、本当にうまくいきます！

本書では、手本を示すのではなく、計画を提案しています。あなたが新学期を順調に始めることができ、その後の1年間、学びを計画的に進めることができるよう、手助けをするものです。

・本書は誰のために書かれているのか？

本書は、すべての教育者に向けて書かれています。

・経験のある教師――自身の能力に磨きをかけるために
・教師志望の人――キャリアの計画を立てるために
・新任教師――よいスタートを切るために
・経験の浅い教師――順調に仕事を行うために
・メンターをしている教師――助けが必要な教師へのアドバイスの参考に
・指導主事――教師のトレーニングのために
・プロのトレーナー――仕事の基礎として使うために
・大学教授――教育を学ぶ学生の基本テキストとして

・結果を出すには

本書を読み、取り入れると、その先にはあなたと子どもたちの成功が待っています。どうぞ試してみて、そこから学び、適応してください。試みの一つひとつが、新たな段階の成功につながります。

うまく教えるのに、絶対確実なひな形というのは存在しません。教室は、どれ一つとして同じではありません。教師が持つ技術も、みんな違います。日本のクラスでは何がうまくいき、何がそうでないのか、お互いに学び合ってみてください。

成果を上げる教師の三つの特徴に磨きをかけることで、あなたと子どもたちの成功は約束されていくと、自信を持ってください。

あなたが成果を上げる教師になる旅路に、私たちを選んでくれたことを心から光栄に思います。

ハリー&ローズマリー　ウォン

目次

CHAPTER 3

第二の特徴――「学級経営」

CHAPTER 1

基本的な理解――「教師」

よい教師になるためには、「成果を上げる教師」の三つの特徴を知り、実践すべきである

Ⅰ どうして「学級開き」が大切なのか

THE KEY IDEA 一年の成功は、最初の数日間にかかっている

1・学級開きを成功させる

「成功する教師は、計画を立て、進め方を準備した上で最初の学級開きにのぞむ」

クラスの1年間がうまくいくかどうかは、学級開きにかかっています。学級開きを成功させることができれば、その後の学級経営がうまくいき、成果の上がる1年の基礎を築くことができるのです。

マイアミ大学のダグラス・ブルックス教授は、様々な教師の学級開きをビデオに収めま

した。ダグラスはその録画を見て、成果の上がらない教師の学級開きに共通点があることに気づきました。その教師たちは、新年度の初日から授業を始めたり、何か楽しい活動をするための時間に充てたりしていたのです。その結果、1年間子どものあとを追いかけまわすことになってしまいました。

成果を上げる教師（Effective Teacher）は、クラスを組織立て、まとめる時間に充てていました。そうすることで子どもたちに、学校で上手に生活し、学習する方法を理解させていたのです。この発見を、教授は『The First Day of School（学級開き）[1]』という論文にまとめました。

最初の1週間で最も大切なことは、**「一貫性」**を確立することです。なぜなら子どもたちは、何が行われて、どういう結果になるのかを、はっきりと知っておきたいからです。予想外なことや、秩序だっていないことは嫌がります。一貫性を持って接していれば、「先生、今日は何をするんですか？」などと聞かれることもありません。

子どもたちは、何を行うかを予測できる、安心できる学びの場を求めています。つまり一貫性のある環境です。学級経営が上手になされていれば、子どもたちは怒鳴られることもなく、学習に集中できます。成果を上げる教師は、最初の2週間をかけて、一貫性のあるクラスの環境をつくり、その中で子どもたちに自分の行動に責任を持つことを教えるのです。

成果を上げる教師は、一貫性が生まれるよう、学級経営をしていきます。すると子どもたちは互いに思いやり、刺激を受け、やりがいを持ち、高いレベルで学びを達成するようになります。きちんとした学級経営は、学びの基本です。CHAPTER 3では、特に重要な内容を述べています。**子どもがよりよく学べるように指導計画を立て、進め方も考えておきます。**CHAPTER 4では、子どもに課題等を達成させる方法を述べています。

2・学級開きの進め方を書いてまとめておく

サッカーのコーチの多くは、試合開始後に10~20のプレーを書き留めます。ウェディング・プランナーは、結婚式の行程表を事前に用意します。同様に、成果を上げる教師は学級開きの前に、学級経営計画や進め方を書き留めたものを準備しておきます。

テキサス州の教師ダイアナ・グリーンハウスは、次のように述べています。「教師になって初めての1年間はすばらしいものになりました。振り返ってみると、こんなにも成果を上げられたことが信じられないくらいです。子どもたちはよく勉強し、私は教えることが楽しくて仕方ありませんでした」。「すべては初日の、あの瞬間から始まったのです。

私は学級開きの日に、パワーポイントを使って学級経営計画のプレゼンテーションをしたのです」。

オクラハマ州の教師カジム・シセックは、教師になってからの3年間は子どもたちと闘い続ける「兵士」のようだったと言います。そして4年目の新学期が始まるのを憂鬱に思っていたときに、ハリー・ウォンの話をプレスクールのミーティングで聞きました。「これだ！」と思い、休みの間にパワーポイントで学級経営計画のプレゼンテーションを作成しました。

4年目が終わったとき、彼はこう言いました。「子どもたちが得るものが大きかったことがよかったと思っています。私自身にとっても楽しい1年になりました」。今では彼は、有能な教師として充実した教師生活を楽しんでいます。

1年の終わりに子どもがどれだけ学びを達成できるかは、新年度の最初の1週間に、教師が「どれだけきちんとクラスをまとめられるか」にかかっているのです。

成果を上げる教師は、最初の1週間でクラスをまとめます。とはいえ、これは子どもたちを脅して怖がらせるということではありません。①教師の役割、②クラスの手順の確立、③仕事としての教師の責任、の三つをきちんと把握する、ということです。教師が自分の役割をわかっていると、子どもは安心するものです。

最初の2、3週間がその後1年間の子どもの学びの達成度を左右することは、多くの例からわかっています。新年度が始まるまでに、あらゆる準備を整えておかなければなりません。**1年間を成功させるためには、最初が肝心です。**

3・成果を上げる教師は常に結果を出す

本書の副題は「成果を上げる教師になるために」です。つまり、結果を出すということです。

配管工、セールスマン、歯医者、弁護士…、こういった人たちに求められることは、当然のことながら成果を上げ、結果を出すことです。教師も同じで、学びを生み出すことが求められています。

成果を上げるには、まずはその道で経験を積み、実力をつけなければなりません。**「実力がある教師」**とは、常に知識やスキルを身に付ける努力を怠らず、それを授業に生かして成果を上げることができる教師を指します。

・実力——知識やスキルがある
・成果を上げる——結果を出す
・成果を上げる教師は、子どもの人生に影響を与える

4・指導の四つの段階

指導には四つの段階があります[2]（次ページ図参照）。ただ残念ながら「やり過ごす」ステージにとどまり、その先に進まない教師が多いのが現状です。本書の目的は、教師を第二段階の「やり過ごす」から第三段階の「熟達する」段階に進め、子どもの人生に変化をもたらす存在になってもらうことです。

●第一段階——夢想する

新任教師の多くが、子どもとよい関係を築き、友達のように親密な関係になりさえすればうまくいくだろう、と思っています。指導に関する基準や評価方法、学習の到達目標といったことはあまり話題にしません。指導とは、「活動を中心に子どもを楽しませること」

■指導の4つの段階

①夢想する → ②やり過ごす → ③熟達する → ④子どもを変える

だと考えています。

●第二段階――やり過ごす

この段階にいる教師は、CHAPTER 4で説明する教育スキルをまだ身に付けていません。なんとか子どもたちに静かにしていてもらおうと、練習問題をやらせたり、映像資料を見せたり、自習課題を与えたりし、常にやらせることを探しています。目指しているのは子どもの学びや達成ではありません。教壇に立っているのは、それが仕事だからであり、きつい表現ですが、「やり過ごす」ことで給料をもらうことが目的だからです。

●第三段階――熟達する

どうすれば子どもを成長させることができるかを知っている教師は、効果的な実践をします。また、上手な学級経営の手法を心得ています。日々の授業で自らの熟達を求めるとともに、子どもたちの力を認め、大いに期待していることを伝えます。成果を上げる教師は、自ら「熟達」するためにいろいろな本を読み、研究会にも参加します。子どもの学びこそが使命であり、その達成が目標と考えているからです。

●第四段階――子どもを変える

成果を上げる教師は、子どもの人生を変えます。卒業して何年も経った教え子が、お礼を言いに来るのが、こうした教師です。子どもの人生に影響を与えるまでになるには、子どもを変える指導実践を行う必要があります。それこそが本書のテーマです。教師が子どもの人生にはっきりした影響を持つようになって初めて、子どもはその教師から学ぶようになるのです。この段階までくると「熟達」の域を超え、本当の意味で「師」となります。

「子どもを変える」段階に達すると、元の「夢想する」段階へと戻っていきます。**子どもの人生を変えるという理想や夢を追い求めるのです。**さらには教師の指導者となり、教師という職業に自分が貢献しているという達成感や誇りを持つことで、より幸せな人生が送れることでしょう。

「子どもを変える」
「世界中どこでも、教師を志す人は、子どもたちによい影響を与えたいと言う。だが、影響を与えるだけではない。あなた自身が影響力なのだ」

5・成果を上げる教師は、子どもの人生を変える

実力があり、成果を上げる教師は、そうでない教師よりも子どもの人生に影響を与えることができます。

成果を上げる教師は、素早くクラスの秩序を確立し、ルールや進め方を説明し、子どもに関する重要な情報を把握し、子どもたちにどうなってほしいのかを伝えます。

そのようなクラスでは、教師と子どもたちとの間によい信頼関係が築かれています。**子どものことを知ることは、成果の上がるクラスをつくる上で大事なことです。**

あなたが教師として働くのは、人生を変えるためです。3年生の内容や、歴史、体育を

教えること以上に、子どもの人生に影響を与えることが求められています。子どもに接し、人生に触れてみましょう。そうすれば子どもたちは歴史や体育、理科や数学を主体的に学ぶだけでなく、教室の窓を閉めてくれたり、ステープラーで紙をとめてくれたり、側転だってしてくれるでしょう。子どもはあなたのことが大好きなのですから。

新学期は、とても大事なタイミングです。**子どもの人生に影響を与えるために、あなたがどのように学級開きをするかで、1年間の成功が左右されるのです。**

成果を上げる教師は…

1 学級開きのために進行をまとめておく
2 常に知識やスキルを習得し続ける
3 結果を出す
4 子どもの人生に関わり、影響を与える

Ⅱ　成果を上げる教師とは

THE KEY IDEA　新任教師は、成果を上げる教師になるために三つのことを学ぼう

1・成果を上げる教師（Effective Teacher）

■成果を上げる教師の特徴

1　子どもの成功を、大いに期待している
2　学級経営がすばらしい
3　子どもの学習を促す指導計画を心得ている

成果を上げる教師には、これら三つの特徴があり、すべての教師に当てはまります。[3]すぐに学んで実践することで、あなたも子どもを変えられるようになります。

教えることは「技」であり、熟練の技は学んで習得することができます。幼稚園や高校のクラスでうまくいくことは、応用すればあらゆる教室で活用できます。

成果が上がらないクラスの教師は、常に子どもたちに何かやらせようとします。授業を行い、たくさんの活動に力を入れ、教師はすばらしい知識を披露しています。しかし、成果を上げる教師が実践している三つのことができていないと、せっかくの努力も実を結ばないのです。決められた範囲を進め、活動するだけでは、教えているとは言えません。

指導とは、あなたが何をつぎ込むかではなく、「子どもたちから何が返ってくるか」なのです。私たちみんなが、学習者であると同時に教師でもある。このことを意識することが大切です。

私たちが最も力を発揮すべきことは、学ばなくてはならないことを、自らに教えるときです。

様々な研究の結果からも、学校で管理できる要素のうち、子どもの達成度に最も影響するのは教師だということがわかっています。

何十年もの間、教育改革や指導法の流行が繰り返されていますが、そうしたものが子どもの学びを達成しているのではありません。**学びの達成につながるのは唯一、成果を上げる教師の存在です。**

2・前向きな期待

前向きな期待を持つこと、すなわち「期待値を上げること」と、「高い水準を求めること」を混合しないようにしてください。**前向きな期待を持つとは、子どもを信じ、その学ぶ力を信頼するというシンプルなことです。**

前向きな期待が効果を発揮することは、研究で明らかになっています。教師が期待することで、子どもはその通りの結果を出すでしょう。あなたが、ある子どもについてレベルが低い、平均より出来が悪く、覚えもよくないと思っていたとしたら、その通りの結果になります。あなたの考えが子どもに伝わるからです。子どもの能力が高い、平均より出来がいい、覚えもいいと思っていたら、その通りになります。あなたの期待が子どもに伝わるからです。

教師が、子どもたち全員に対して、前向きな期待を持つことはとても大切です。ＣＨＡ

PTER 2では前向きな期待をどのように伝えたらいいのか、それがどれほど大切かを述べていきます。前向きな期待は、教師にも子どもにも恩恵をもたらし、クラス全体の雰囲気をよくします。

3・学級経営

学級経営には手順や手続きがあり、教育と学びの場を整えるため、教師はそれらを実践します。教師は秩序ある環境をつくりあげなければならないのです。

学級経営は、しつけとは違います。例えば、「お店をしつける」とは言いません。経営します。クラスも同じです。CHAPTER 3では学級経営の具体的な方法を述べていきます。良い環境づくりにおいて大切なことを実践し、成果の上がるクラスにしていくのです。

環境が整うかどうかは、教師が学級経営のスキルをいかにうまく身に付けられるかにかかっています。

4・授業を極める

授業がうまくいくと、子どもたちは教師が意図した知識や、高い技術を身に付けます。授業の進め方については、CHAPTER 4で説明していきます。

家を建てるとき、建築業者は建築家から設計図を受け取ります。設計図には、許容される範囲も記されています。建物を定期的にチェックする検査官は、まず設計図を見てから実際の作業を確認し、定められた許容範囲を超えていないか調べます。

整った環境　＋　学びに対する前向きな期待　＝　子どもを変えるクラス

授業も同じです。よい授業を行うために、教師は三つのことをしなければなりません。

1　子どもが目標や指導基準まで学べるように授業を計画する。
2　子どもが目標を達成できるよう、指導技術を身に付ける。
3　子どもが習熟できるように学習状況を確認し、必要に応じて軌道修正する。

子どもが学習を達成できるかどうかは、教師がいかにうまく授業を計画し、習熟の確認を行っていくかにかかっています。

成果を上げる教師は…

1　子どもたち全員に対し、前向きな期待を持つ
2　学級経営の技術を身に付けている
3　子どもが習熟できる授業を計画する

Ⅲ　新任教師として順調なスタートを切る

THE KEY IDEA

新任教師はスキルを身に付けながら、実践していくこと。うまく教える秘訣は、頼み込み、拝借し、盗むこと！

「盗む」の意味は厳密に言うと、リサーチをして学ぶということです。他の教師のクラスにお邪魔し、見まわし、役立ちそうなものが目についたら「いただきます」と唱えましょう。ベテラン教師の多くは、知っていることを喜んで教えてくれますし、困ったことがあれば助けてくれます。

私たち教師のコミュニティは、対等な立場にいる人たちの集まりです。ですから、どんどん質問して、学びましょう。お互いに助け合い、情報交換をすることで、教師の仕事全体がよくなっていきます。

学級開きは、楽しみでワクワクすると同時に、とても不安なものです。でも学級開きで成果を上げる方法を学べば、1年間の仕事はスムーズになるでしょう。

1・新任教師を育てるためには、大学の授業だけでは準備不足

初任の先生が即戦力でないのは、「大学教育の責任である」というわけではありません。教員免許を取ったという理由で教師の道に進む人もいるでしょうが、大学の単位を取得した後も学びは続きます。つまり、学びを続けるという資質を育てていかなければならないのです。優秀な教師は、優秀な学習者でもあります。そうした教師は、常に向上心を持っています。大学でさらに学ぶ、研究会に参加する、会議やワークショップに出席する、といったことをしています。また、教師同士のサポート・ネットワークや学習コミュニティでの活動を通じて、子どもたちの成長に貢献しています。

教育実習の際の指導担当が、悪いということではありません。その人は、あなたに何を教えればよいかを、誰からも教えられなかったのです。

着任すぐに、学級経営について何をすればいいのかを知っている教育実習生はほとんどいません。指導担当がふつうに授業を始め、実習生に引き継ぐのが一般的です。つまり、ほとんどの教育実習生は、何をすればいいのか指導を受けず、その経験もなく教師になっていくのです。

2・1年目の教師の不安

1 大学教育だけでは不十分。
2 教育実習だけでは不十分。
3 自治体の支援も十分かわからない。
4 それでも、すぐに教壇に立たなくてはならない。

①自治体によっては、導入プログラムがある

教師というのは、現場に突然放り出されることが多いものです。ビジネスの世界であれば、新入社員には初日から包括的な研修プログラムが用意されています。徐々に知識を身に付け、経験を積み、仕事を任されていくという段階を踏みます。

学校生活において問題があるように思える子どもが、地元のファースト・フード店のアルバイトでは、うまく仕事をこなしているのを不思議に思ったことはないでしょうか。マクドナルドやドミノ・ピザには研修プログラムがあり、実際に接客を始める前にトレーニングを受けるのです。ビジネスの世界では研修ビデオを観たり、マニュアルを読んだりして、仕事の様々な側面を学んでいきます。**自治体や学校によっては、同じように新任教師向けの導入プログラムが準備されています。**

ですが残念なことに学校によっては、新任教師は突然にクラスの鍵をわたされ、「あとはよろしくお願いします」と言われてしまうことがあるのです。

自治体の新任教師のための指導プログラムを受けると、多年度にわたり、研修とサポートが提供されます（New Teacher Induction: How to Train, Support, and Retain New Teachers）[4]。

新任教師のみなさんへ。教師になったばかりで戸惑っているなら、自治体に指導プログラムがあるかを確認しましょう。指導プログラムがあるということは、上司・同僚に学ぶことよりも、さらに踏み込んで教師を支援してくれるということです。

いい自治体は、新任教師に順調なスタートを切ってほしいと考えています。新学期から受けられる指導プログラムが準備され、数年間にわたって受講できます。あなたのよさを生かした教師になるための研修です。「人の手を借りなくてもうまくやっていける」という考えは持たないようにしましょう。

②仕事はいきなり始まる

「新任教師であっても、他の教師と同じである」という意識を持ちましょう。受け持つ子どもたちに違いはないので、新任教師、管理職、指導主事、みな同じです。仕事の本質、責任にも変わりはありません。**だからこそ、新任教師であっても、初日から完璧に仕事をこなし、年々成長していくことが求められているのです。**もちろん、こなすことはできます。ですが、自治体の指導プログラムを受けていればさらにうまくいくでしょうし、成果を上げる教師になるための学びには、終わりがないことにも気づくでしょう。

③新任教師は、仕事を学びつつ、よい実践が求められる

教育は「製品」ではありません。終わりのない「プロセス」です。本書の目的は、学級開きや学級経営をどう行うかについて、洞察の仕方やアイデア、選択肢を示すことです。今、**「選択肢」**という言葉を使いました。あなたが今日選ぶものが、明日のあなたのチャンスへとつながっていきます。教育に正解はありません。簡単な答えも、即効薬も、模範例も、安全確実な手法も存在しません。でも職業として教師の道を選び、子どもを変える数多くの教師がいます。**常に学び続け、蓄積された叡智から、そのときどきに合う手法を選ぶことが教師に必要とされる能力でもあるのです。**

教師という職業を選んだあなたの目の前には、人生が開けています。それを幸せと成功で満たしていきましょう。教師という職業をずっと続けていくことを望んでいるなら、その最高の資源は「同僚」です。そのため、同僚とは協力し合いましょう。前向きなメンターや管理職とも関わるようにし、彼らから学びましょう。研究会にも積極的に参加しましょう。

授業、ワークショップ、授業研究、本や雑誌、CD、DVD、インターネットなどを活用しましょう。さらに上の学位を取得して、学び続けましょう。

「どんな偉大な教師の中にも、さらにすばらしい教師が潜んでいる」。

このことをいつも心に留めておきましょう。

成果を上げる教師は…

1 同僚と協力し合い、学ぶ
2 お手本となるような同僚を探す
3 成長のために研究会に参加する
4 優れた教師となる目標を持っている

Ⅳ　子どもの達成度の差を縮める

THE KEY IDEA　子どもがどこまで達成できるかは、教師の影響力による

「学校の最も大切な財産は人」

教師が教室に入ってこない限り、授業は始まりません。教師が知っていること、できることが、子どもの学習にとって一番大切です。成果を上げる教師であれば、それだけ子どもの学びも深まります。

1・成果を上げる教師とそうでない教師の違い

違いは一つだけです。「成果を上げる教師のしていることを、そうでない教師はしていない」それだけのことです。そこさえ変われば、結果はすぐに出ます。

成果を上げ、子どもを変える教師は、斬新な計画を立て、学級経営が抜群にうまく、批判的思考に長け、問題を解決する能力も優れています。有能な人というのは、そうでない人があえてやらないことを進んで実践しているものです。

成果を上げられない教師は、時間を埋めるための作業を見つけようとします。**「やり過ごす」**タイプです。自分に合うやり方がないと文句を言い、誰かが教えてくれるものと待っているのです。

成果を上げる教師には、「創造力」があります。自ら考え、工夫して実行します。**できる人から技を盗み、また、そうでない人からも何かしらの学びを得ます。**手に入るものを自ら探し、そこからゴールを目指すのです。

成果を上げる教師は、問題を解決していきます。分析し、組み立て、子どもたちが学べる教材をつくります。

「本当に実力のある教師は、子どもと共に学ぶ学習者である」

■成果を上げる教師の大切さ

・成果を上げる教師は、普通の教師とくらべ、およそ9か月で、実質1年間の学びを生み出す。[5]

・教師の手腕が、他のどんな要因よりも子どもの学びに影響する（40％）。[6]

・成果を上げる教師に続けて教わった子どもは、目覚ましい学びの成長を見せる。一方、そうでない教師に続けて教わった子どもは、学習が遅れてしまう。[7]

・90％以上の確率で、教師の質により子どもの達成度合いが変化する原因となっている。[8]

・子どもによって達成度合いが異なる理由は、人種でもなければ貧困でもない――教師の能力だ。[9]

・教師が子どもを変えられるようになると、一番に恩恵を受けるのは遅れ気味の子どもたちだ。[10]

2・教師は成功を望んでいる

教師がどう接するかによって、子どもの学ぶ力は伸びます。カリキュラムや学校の組織を変えることでは、学ぶ力はつかないのです。**教師は、プログラムの改編に熱心になるのではなく、子どもたちが学びを達成することに力を入れるべきなのです。**

プログラムを次から次へと試す予算があるなら、教員研修に使うほうがずっと効果的です。一番大切なことは、学校の中で特に支援が必要な子どもに、知識や技能を教えるための有効な手法を身に付けた教師をつけられるかどうかです。

3・子どもの学ぶ力を伸ばすために

成果を上げられない教師は、子どもの成長にわずかしか、あるいはまったく貢献できません。**成果を上げる教師は、子どもを変えられない学校にいても、子どもたちの学びや達成を改善することができます。**たとえば、中央値にいる子どもが、次の状況に置かれたとしますます。ロバート・マルツァーノの研究によると、2年後にはこのような結果となりました。[11]

・成果を上げられない教師と成果を上げられない学校の組み合わせでは、3パーセンタイル（下から3％）にまで下がる。
・成果を上げられない教師と成果を上げる学校の組み合わせでも、子どもの学びは37パーセンタイルに下がる。
・でも成果を上げる教師につくと、成果を上げられない学校にいても、子どもの学びは63パーセンタイルに上がる。

つまり、**大切なのは「教師」ということです**。平均的な学校に、平均的な教師がいるとしましょう。特に問題はありません。

しかし、教師と管理職、指導主事が協力して毎年少しずつでも子どもを変える努力を続けていけば、年数が経つうちに、子どもたちの学びには劇的な変化が見られるはずです。

子どもの学びにどのような影響を及ぼすか（100校中50位の学校の場合）	
教師と学校の種類	2年後の順位
成果を上げられない教師 成果を上げられない学校	97位
成果を上げられない教師 成果を上げる学校	63位
平均的な教師と学校	50位
成果を上げる教師 成果を上げられない学校	37位
平均的な教師 成果を上げる学校	22位
成果を上げる教師 成果を上げる学校	4位

同じくらいの能力の子どもたちなのに、学校での学びに差が出てくることがあります。実は、アメリカではこうした差を縮めるための研究がなされています。差を縮めようとしている学校には、次のような特徴が見られました。[12]

- 子どもたち全員の学びを、きちんと見取る。
- 「言い訳は聞かない」という姿勢を崩さない。
- 研究結果やデータを活用している。
- 全員（同僚、管理職等）を巻き込んで改善を行う。
- 困難や挫折を乗り越える。
- 達成したことを褒める。

平均的、あるいは平均以上の教師がいる学校では子どもの達成の差を縮められますが、それには学校と教師が一体となって取り組まなくてはなりません。

優れた教師に恵まれた子どもは、少なくともその後何年かは同級生たちの先を行くようになります。ですが成果を上げられない教師に当たった子どもは、その後、3年経っても完全に遅れを取り戻せないと言われています──成果を上げる教師が受け持ったとしてもです。

どんな学校でも、教師の質こそが、高いレベルでの子どもの学びを実現し、達成の差を縮める最も大切な要素なのです。

4・私たちは教師である

教師が行っていることは、奇跡と言ってもよいでしょう。あらゆる状況の子どもを受け入れ、面倒を見て、育み、教えます。このような貴い職業を選んだあなたは、子どもたちをはじめ、様々な人に感謝されるでしょう。
本書のＣＨＡＰＴＥＲ　２からＣＨＡＰＴＥＲ　４では、前向きな期待を持つこと、学級経営、そして授業を極め方について説明していきます。読んでいくことで、あなたも成果を上げる教師への第一歩を踏み出すことになります。それは、ワクワクする、楽しい道のりとなることでしょう。

成果を上げる教師は…

1 子どもが高いレベルで学びを達成できるやり方を実践する

2 斬新な計画を立て、学級経営が抜群にうまい

3 批判的思考に長け、問題解決能力が優れている

4 学校の最も大切な財産である

V

研究に基づいた、実績のあるやり方がなぜ有効なのか

THE KEY IDEA

成果を上げる教師は、できる教師が取り入れている、研究に基づいた実績のあるやり方を実践する

「何をどうやればいいかを知っているだけの人は、なぜそのやり方がいいのかを理解している人の下でずっと働くことになる」

1・研究のプロセス

研究とは批判的思考、問題解決のプロセスであり、数多くの人が取り入れているもので

す。この行為が、他の動物と人間が違うところでもあります。人間は答えや真実を求めて知恵を絞るのです。

研究をするのは科学者だけではありません。ビジネスマンや野球選手、シェフ、配管工、弁護士、歯医者、芸術家、俳優……、このような人たちも、それぞれ研究をしています。子どもたちも、たとえば学期末のレポートを書くのに研究するでしょう。研究、すなわちリサーチは、何度も繰り返しサーチする（探す）ことです。だからリサーチ（Re-Search）というのです。

2・自分が教わった通りに教えるのは危険

残念なことに多くの教師は、自分が教わった通りに教えるということを行っています。

大学時代の教授の講義を参考にして、同じように子どもたちを教える教師は多いものです。それを「授業」だと思い込んでいるからです。授業が上手な教師などは、一般に思い込まれているようなやり方がよいとは思ってないでしょう。それでもなぜか教師の多くは、教えるとはそういうものだと考えているのです。

また、指導方法に関しても、最新の流行や思想等に影響を受け、うまくいくかどうか研究の成果を確認せずに取り入れる教師も、大勢います。ハーバード大学のリチャード・エルモアはこう言っています。

「都会の学校では特にそうですが、教育関連の判断のほとんどが、大人の都合でなされています。子どもたちのためではありません」。

学びのネットワークが広い教師は専門性を有していて、学校の中では貴重な存在です。教育システムについて学んだことを、ぜひ共有しましょう。

教えることが教師の仕事ですから、他の職業と同じように常に新しい知識や技能を取り入れることが大切です。「教師」として熟練し、成長していくプロセスは、「旅」であると言えるでしょう。「目的地に着いたらおしまい」ということではありません。プロの教師は、たとえ定年退職する日であっても**「もっとうまく教えられるように」**と学ぶ姿勢を忘れないでしょう。

・成果を上げられない教師は「子どもを静かにさせる」ための仕掛けやゲーム、アクティビティーを探すことに熱心である。
・成果を上げる教師は「子どもたちの学びに役立つ」ような研究を常に意識していて、その研究に熱心である。

「教師が授業を行うのは、子どもたちの達成と成功のためである」ということを忘れてはいけません。各教師が研究で得た結果については、子どもたちのために共有されるべきである、ということを最後に付け加えておきます。

3・研究は子どもたちの達成につながる

テーマパークでは、いつどこに屋台を配置すればよいのか、わかっています。

航空会社では、それぞれのフライトの航空券の価格をいくらに設定すればよいのか知っています。

小売店は、あなたが購入する商品の傾向を把握しています。それは、ビジネス・インテリジェンス（ＢＩ）を使っているからです。ソフトウェアがデータやトレンド、情報などを取り込み、判断の手助けをしているのです。

学校でも同じことが言えます。子どもたちのデータを使って、よりよい学びを目指すことはとても大切です。オクラハマ州のウエスタン・ハイツ学区では、指導監督者ジョー・キッチンスのもと、子どもたちが数学とリーディングで、4年間で48%もの点数の伸びを記録しました。

なぜなら、子どもたちの情報を取り込むソフトウェア・システムを導入することで、教師がいつでも子どもの学力等に関するデータにアクセスすることができるようになったからです。ウエスタン・ハイツ学区は75%の子どもが無料または、安い食事を提供されているという、多様な子どもたちがいる地域ですが、彼らの蓄積されたデータを参考にすることで教えること、学ぶことに関して、改善が促進されたのです。

教師たちはデータを見て、特に指導が必要な子どもに「一番いい授業」をするにはどうすればよいのかを考えることができました。子どもたちの苦手なところ、伸びる可能性のあるところが明確になったためです。

指導計画作成プログラムのソフトウェアと、それに基づく評価プロセスを教師間で共有し、全員で子どもたちの学びの改善に取り組みました。

また、ウエスタン・ハイツ学区では、オクラハマ州の指導基準を参考に、教師と指導主事が州の試験よりも高いレベルに設定した独自のベンチマーク試験をつくりました。
子どもの現状について、教科別レベルをデータで確認し、子ども一人ひとりの技能を観察していきました。教職員はこのデータを共有し、教えと学びに生かしたのです。**研究データの共有が、子どもの達成、成功へと結び付いたのです。**

成果を上げる教師は…

1 研究プロセスを理解している
2 研究に基づいた、実績のあるやり方を実践する
3 データを活用し、教えや学びに役立てている

CHAPTER 2

第一の特徴――「前向きな期待」

成果を上げる教師は、子どもに対して前向きな期待を持ち続ける

I どうして前向きな期待が大事なのか

THE KEY IDEA

あなたの子どもにかける期待が、学びの達成、ひいては子どもの人生に大きな影響を及ぼす

「人間は本能的に成功を求めるもの。家庭環境や人種、出身国、経済状況、受けてきた教育といったことは、その人の成功とは何の関連もないことが研究でわかっている。唯一、成功と相関関係があるのは心構えである」

どんな動物でも、日々生き延びようとしています。食べ物と安全な場所を求め、危険を避けようとします。でも人間には、さらに成功を求める本能も備わっています。他の動物とは決定的に違うところです。だから、成功につながるような可能性を強く追い求めま

す。この本を読んでいるあなたもきっと、そうでしょう。そのため同じことを子どもたちに**期待すれば**、子どもたちは計り知れない力を発揮すると考えられるのです。

1・前向きな期待と後ろ向きな期待

「期待する」ということは、その段階では達成できるかどうかわからないということです。つまり、実現してほしい、あるいはしてほしくない、とあなたが思っていることなのです。ここでは、「前向きな期待」「後ろ向きな期待」それぞれについて述べていきます。

①前向きな期待

教えるのがどんな子どもでも、どういうことをしても、最終的には成功や達成を実現できるという楽観的な考え方です。成功につながるチャンスに、常に敏感に反応します。

■前向きな期待の例

・「何ができるかは、私たちがどう協力していくかにかかっています」
・「子どもたち一人ひとりが、それぞれ可能である限りの学びを達成できると信じています」

・「私はいい教師です。プロの教育者として誇りを持っています」

・「常にもっと勉強したいと思い、セミナーやワークショップ、研究会に楽しく参加しています」

■前向きな期待の結果

あなたが実現してほしいと思っていることは、そうなるようにエネルギーを使えば、それだけ実現する可能性が高くなります。ですから自分が成功すること、そしてまわりの人たち、特に子どもたちが成功することに意識を向けましょう。

②後ろ向きな期待

どんな子どもに教えても、何をしてもうまくいかないし失敗するという悲観的な考え方です。何をしても無駄なら、教える意味もないのではないでしょうか。失敗することを予期していると、常に失敗を正当化する理由を探すことになります。

■後ろ向きな期待の例

・「どんな環境で教えているか、あなたにはわかっていないのです」

・「受け持っている子どもたちは、まったくやる気がないんです」
・「読み書きはできないし、じっとしてもいません。あの子たちは行儀よくしていられないんです」
・「研究会はつまらないし、会議に参加しても得るものはありません」

■後ろ向きな期待の結果

あなたがうまくいかないだろうと思っていることに対してエネルギーを使えば使うほど、実現しない可能性が高まります。ですから自分が失敗すること、そしてまわりの人たち、特に子どもたちが失敗するということに意識を向けないようにしましょう。

「前向きな結果を実現するために使うエネルギーは、後ろ向きな結果をもたらすエネルギーと変わらない。失敗するためにエネルギーを無駄遣いするのはやめて、その分のエネルギーをあなたと子どもたちの成功のために使おう」

2・期待と水準とは別もの

期待することと、高い水準を求めることは違います。ただ、結果として前向きな期待を持つ教師は、子どもたちが高いレベルで学ぶ手助けをすることになります。

■前向きな期待の例：「このクラスは、とてもいいクラスになるよ。これからの1年間は、今までで一番思い出に残るようになるからね。それに、君たちもすごくよく勉強できるよね」

期待をしない教師は、子どもたちの学びを妨げることになります。

	後ろ向き／低い期待	前向き／高い期待
保護者	子どもたちがドラックに手を出さなければ十分だ。	クラスで10位以内の成績で卒業してほしい。
子ども	授業はつまらない。なんでこんな勉強しなきゃいけないの？	将来の夢は学校の先生になること。
教師	研究会は退屈。話を聞かなきゃいけないんだろうか。	研究会に参加すると学ぶことは多いし、興味深い人と大勢知り合える。

■後ろ向きな期待の例：「このクラスでAを取れる人はいないよ。うんと難しい課題を出すからね」

人がどのように成長していくかについては、知力よりも信念や期待が大きく影響してきます。そのため、成功するためには、感じ方を変えることが大切なのです。人は言葉を拒むことはできるかもしれませんが、態度や期待を拒むことはできないものです。

3・期待に関する代表的な研究例

期待に関する代表的な研究は、1960年にハーバード大学のロバート・ローゼンタールとサウス・サンフランシスコ・スクールズのレノーラ・ジェイコブソンによって行われました[13]。サウス・サンフランシスコの小学校で、複数の教師にわざと誤った情報を与えたにもかかわらず、教師たちはその誤った情報通りのすばらしい結果を出した、というものです。

実験が行われた年の春、オーク・スクールの子どもたちには事前に学力テストを受けてもらいました。秋に新年度が始まると、調査員と指導主事が教師たちに、彼らは**特別に選**

ばれた教師で、特別な実験に参加してもらうことを伝えました。

「事前テストの結果、あなたの受け持つ子どもの20％が**特別な子どもたち**だということがわかりました。その子たちは『伸びる』『才能が開花する』タイプで特に成長が見込まれます」と教師たちに言ったのです。

実は子どもたちの名前は無作為に選んだものでしたが、教師たちは事前テスト（『ハーバード式突発性学習能力予測テスト』という架空の名前が付けられていました）の結果で選別されたものと思い込みました。

「あなたは、教師としてすばらしい実績を上げていらっしゃるので、特別にこの情報をお伝えします。ですが、次の2点は必ず守ってください。

①子どもには、その子が特別だと知っていることを言わないこと

②保護者に、子どもが特別だと言わないこと

特別な子どもたちがすばらしい成果を上げるものと期待していますし、そうなるものと確信しています」と教師たちには言いました。

8か月後、子どもたち全員に再度テストを受けてもらいました。そして特別だと認識されていた子どもたちと、そうでない子どもたちをＩＱ（知能指数）で比較しました。する

と選ばれていた20％の子どもたちには、著しい成長が見られたのです。選ばれていなかった子どもたちには、特に変化はありませんでした。

指導主事は教師たちに子どもの成長結果を見せ、すばらしい成果を上げたことを褒め称えました。

すると教師たちは「当たり前じゃないですか。特別な子どもたちだったのですから、覚えが早くて教えるのはとても楽でしたよ」と応じたのです。すると、指導主事は本当のことを伝えます。

「本当のことを打ち明けます。特別だとお伝えした子どもたちは、実は無作為に選んだ子たちでした。ＩＱや能力で選んだのではありません」と。

「だったら、成果を上げられた理由は私たちですね」と教師たちは言いました。「特別な教師だから特別な実験に参加してもらう、と言われましたから」と。

「もう一つ、お知らせすることがあります。教師のみなさんには、全員に実験に参加していただきました。そこでも選別はなかったのです」。

これは周到に準備された実験でした。変化する情報を与えることでどうなるか、実験対象になったのは、**「期待」**でした。

①指導主事から教師への期待は、はっきりと示されました。「あなたは特別な教師で、受

け持つ子どもの20％は学力の伸びる可能性が見込める特別な子どもたちです。彼らへの指導ですばらしい成果を上げるものと期待していますし、そうなると確信しています」。
②教師から子どもたちへの期待は、言葉に出されず、それとなく伝えられました。教師たちは、学校に特別な子どもたちがいると思い込んでいたので、指導しているときや子どもと接しているときに、それが仕草や雰囲気、態度に表れました。

調査員たちは実験をこう結論づけました。「教師に伸びると期待されている子どもは、1年後には、そうでない子どもよりも大幅に成長する可能性が高いことがわかりました」。

この実験の後にも、多くの追加的な研究が行われました。同じ結果になったもの、中にはそうでないものもありましたが、いずれにしても教育者や保護者たちは、期待の持つ力が子どもたちにもたらす結果に注目しています。

「子どもたちは、教師が期待した分だけ学んだり、学ばなかったりする傾向にある。全員に対して高い期待値を持ち、それを伝える教師が受け持つ子どもたちは、子どもにあまり期待しない教師が受け持つ子どもたちよりも高い学力を示す[14]」

保護者や教師が、子どもたちの発達の段階に合った形で「期待」を伝えることは、その通りの結果を生み出す力を持ちます。

あなたの子どもへの期待は、その子がクラスで、人生で、そして究極的には世界で何を成し遂げるかに大きく影響するのです。

成果を上げる教師は…

1　学級開きに前向きな期待の言葉を用意している
2　お互いに前向きな期待を持つようなクラスの雰囲気をつくる
3　子どもたち全員に前向きな期待を伝える
4　高い期待を持つ姿勢を身に付けている

II 子どもたち全員を成功に導く

THE KEY IDEA 学校と家庭が協力し合えば、それだけ子どもたちが成功する可能性は高まる

1・入学式を祝う

「学校教育において最も大切な日は、卒業式ではなく、入学式の日だ」

学校がきちんと前向きな期待で始まらなければ、そもそも卒業できるかもどうかも怪しい子どもが出てくるでしょう。2009年に入学した子どものうち、1300万人は卒業していません。その数は、マサチューセッツ州で学校に通う子どもの数より多いのです[15]。

子どもによっては、卒業式は達成感を味わう喜びの日になりません。尊敬の気持ちを忘れ、悪ふざけをし、学校を馬鹿にし、保護者や教師に敬意を払わず、パーティーをして騒ぎ、果たしてこの子は本当に教育を受けたのだろうかと思わせることになるのです。

入学式を祝うことは、あらゆる学校段階で定着させるべきです。そこには、将来は世界で活躍する子どもたちへの教育に、関心のあるすべての人に参加してもらうのが理想です。

学校の関係者全員、保護者、実業界や近隣の方々にも参加してもらいましょう。みんなが成功を望んでいることを、子どもたちに見せることが大切です。

学校、家庭、地域が一体となって子どもたちの教育に協力すれば、子ども一人ひとりの成功の確率は高まります。

2・子どもたちを学校に歓迎する

旅行に出かけるときはワクワクするように、子どもたちは期待に胸を膨らませて学校にやってきます。勉強し、友達をつくり、活動し、様々なことを学ぶためです。子どもの生活の中心は、学校と友達です。人生の中で、とても楽しい時期です。

ですから学校の教職員は、事前に子どもたちに連絡をして挨拶をしておき、学校に来たら歓迎しましょう。子どもたちを歓迎する計画には、全員が関わるのが理想的です。「**全・員**」とは、教師、指導主事、職員、地域の人たち、保護者、実業界の人たちです。**子どもの教育を成功させるには、チームとして努力することが大切です。**

■学校に歓迎するには

①**入学式**を祝う準備を整える。

②バス停に立ち、子どもたちを歓迎する。14年ぶりに会う親戚のおばさんの飛行機が到着したかのように、にこやかに手を振ること。

③学校の正面入口で迎える。他の出入り口にも、それぞれに少なくとも一人は歓迎する人が立つようにし、子どもたちが一人残らずあたたかい歓迎を受けられるようにする。

④道路脇、あるいは学校の入り口付近で学校のブラスバンドが歓迎の演奏をする。

⑤学校にブラスバンドがない場合は、教師と子どもたちが並んで歓迎の笑顔で迎える。

⑥歓迎の横断幕を掲げる。

⑦学校のよい点や、教師と子どもたちの生き生きとした様子が伝わる学校新聞を配布する。

入学式当日は子どもたち全員が歓迎されるべきである

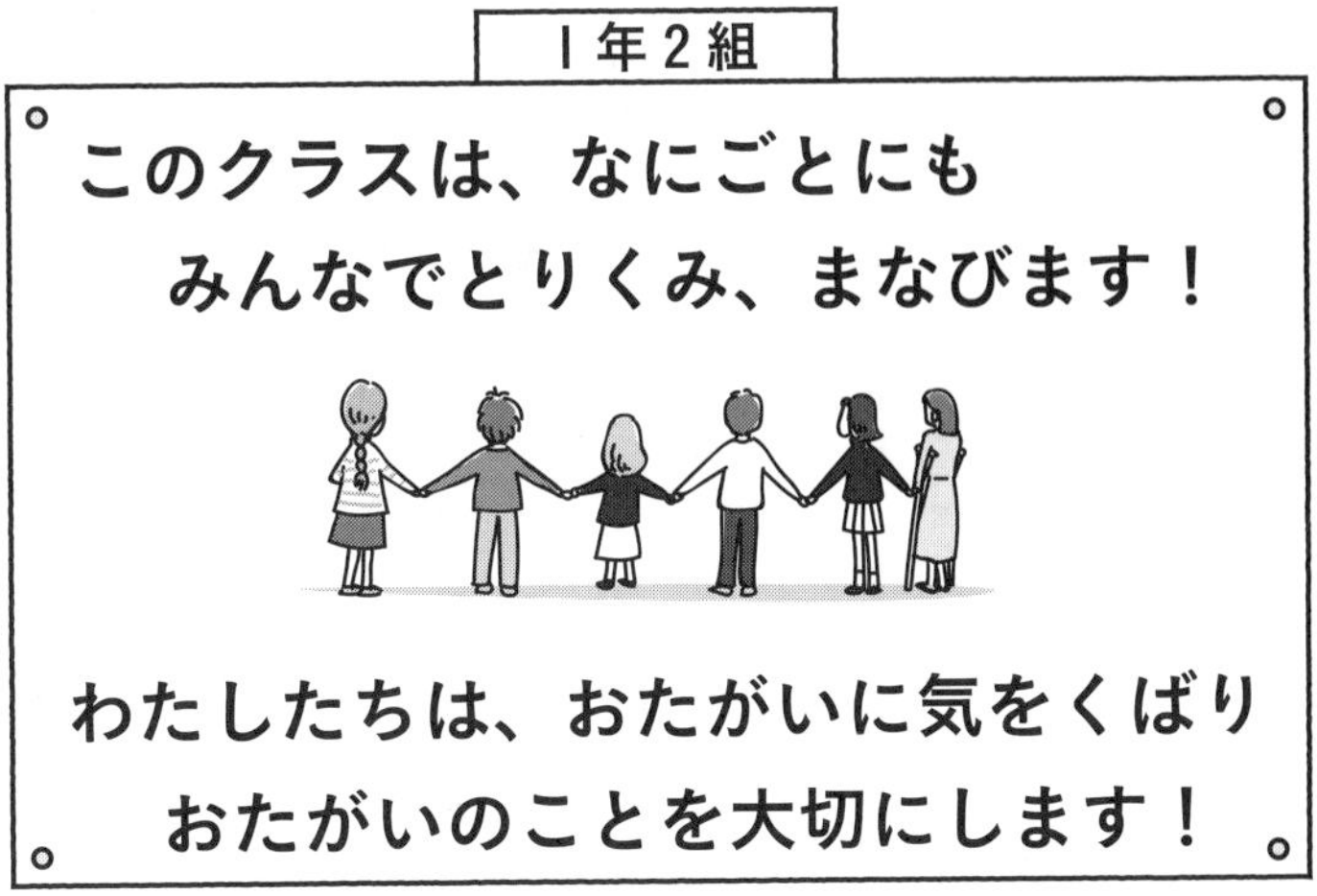

教室の入口に「歓迎」のメッセージを掲示する

教室内の黒板に期待するメッセージを書く

⑧廊下に案内する人を配置する。教室がすぐにわかるよう、案内の紙も貼り出す。
⑨最初の校内放送では、歓迎の言葉とこれからの一年に対する前向きな期待を伝える。

■子どもたちに教え、示すのは

①私たちはお互いに責任を持つことができるということ。
②学校は知識を得る場所であること。
③学校は愛情を与え、受け取る場所であること。
④学校は成功する場所であること。

学校とは、単なる場所ではありません。子どもたちが授業で教師の説明を聞き、学習プリントを埋め、退屈を我慢するための場所ではないのです。学校によっては、薄汚れた校舎もありますが、そうしたものに耐えられる子どもだけが通う場所というわけでもありません。

学校とは「概念」なのです。子どもたちは学び、生活の質をよくしていきます。脅かされることや危害を加えられるという心配なく、あたたかく優しい人たちに導かれ、清潔で秩序の整った環境で過ごせます。一人の人間が誰かにあげることのできる最高の贈り物は、愛情あふれる環境で学んで成長する機会なのです。

成果を上げる教師は…

1　入学式の準備を中心的に手伝う
2　入学式の日に教室での歓迎を計画する
3　子どもたち全員が、心身ともに健やかでいられるよう気を配る
4　子どもたち全員が成功できる環境を整える

Ⅲ

うまくいく教師の身だしなみ

THE KEY IDEA　成果を上げる教師は、プロの教育者にふさわしい服装で成功を体現する

「あなたは見かけ通りの扱いを受ける。
第一印象に、二度目のチャンスはない」

ある企業の面接官によると、入社希望者に対する判断は「20秒」で行われるそうです。また、営業担当者であれば、相手に印象づけるには「最初の7秒間」が勝負だということを心得ています。**同じように成果を上げる教師は、教室の入り口で歓迎を受ける子どもが最初に目にするのは教師の着ている服であり、笑顔だということをわかっています。**

私たちは他の人を服装で判断し、他の人も私たちを服装で判断しているのです。いいか

悪いかは別にして、人は相手の服装に応じて態度を変える傾向にあります。

あなたも見かけ通りの扱いを受けたことがあるでしょう。お店の販売員が、二人の買い物客が近づいてくるのに気づいたとします。一人はその場にふさわしい服装、もう一人はそうでない場合、どちらの人が速やかにいいサービスを受けられるでしょうか。

もし銀行で、あなたが給与を引き出そうとした際、窓口の人が、ジーンズにTシャツ姿で、胸には大きく「貧乏はサイテー」というスローガンが書かれていたとしたら、果たしてその銀行を信用できるでしょうか。

外見ではなく、本質を見て人を判断できればよいのですが、人の外見は嫌でも目につきますし、いつでも厳しくチェックされているのが現実です。

多くの人は本の表紙、スナック菓子の包装、着ている革のジャケットを見て、その中身である本やスナック菓子、人を判断します。これは誰でも、そういう見方をしています。人の外見だけで社会的地位、収入、職業までも推測しているのです。

「実際にどうかよりも、どう受け取られるかが大切である」

1・あなたは歩いて話す「広告塔」

見た目が重視される世の中で生きている以上、きちんとした服装をして、装いを自分の味方につけるほうがずっと賢明です。このことを「浅はかだ」と言ってみても始まりません。

大事なのは、教師らしい服装をすることです。そうすれば最初の数秒間で子どもたちにいい印象を持ってもらえますし、あなたも自信を持つことができます。

成果を上げる教師は、プロとしてふさわしい服装をし、成功を体現します。「ふさわしい」というのが大切です。

何が妥当かを教えるのも、学校の目的の一つです。子どもは大人を見て学びます。あなたの服装、行動、言葉を、子どもたちはふさわしいものとして受け止めるのです。

学校が始まって1、2週間後には、1年間をどのように過ごせばいいのか、クラスの全員があなたを見て感じとっているはずです。

私たち教師は、歩いて話す「広告塔」であるという意識を持つ必要があります。つまり、自分がイメージするプロの教育者というものを体現しているのです。

もし、あなたが時間に遅れて教室に入ったなら、そのことで子どもたちに一つのメッセージを発信しています。さらに、時間に遅れた上に、ジュースの缶やコーヒーカップを持ち、しかめっ面をしていたなら、それも一つのメッセージです。

教室に早めに入り、にっこりと歓迎の握手をするために手を差し出し、黒板には課題が書いてあり、教室も資料も準備できていて、クラスが前向きな雰囲気に満ちていれば、あなたは先ほどとは違うメッセージを発信しています。

からかうことをクラスで許せば、メッセージを発信しています。からかうことを断固許さなければ、それもメッセージです。**あなたの発信するメッセージ一つひとつが、子どもたちが1年間をどんな態度で過ごし、何を達成するかを左右するのです。**

2・服装で意識すること

服装だけで「あの人はできる。立派だ」と思われることはないかもしれませんが、逆に「あの人はちょっと…」とイメージを損ねてしまうことはあります。一般に、人がどう受け取られるかが服装と関係していることは、はっきりしています。子どもが教師のことを好きになるかどうかは、教師の服装とはまったく関係ありません。しかし、**教師を尊敬す**

ることと、その教師の服装とは密接に関係しています。教師は、子どもたちに尊敬されることが大事です。そうでなければ、教室での学びは成立しません。

ある調査では、「教師の着る服が子どもたちの学習、態度、規律に影響する」との結果が出ています。きちんとした服装をすることで、次の四つの効果が現れます。

1　尊敬される
2　信用される
3　受け入れられる
4　威厳が備わる

子どもを変える教師は、子どもたちや同僚、管理職、保護者、地域の人たちなどと接する際に、この四つの性質を活用しています。

子どもたちは教師の服装を見ています。自分たちの服や友達どうしの服を意識するのと変わりません。家の人がビジネス・スーツなど、それぞれの職業にふさわしい服装で出かけていくのを日々見ています。そして学校に着くと、教師の服装を目にすることになります。教師は、大学を卒業している知識人で、教員免許を持つ有能なプロフェッショナルとみなされている存在です。教師という職業が尊敬や信頼を得られていないとしたら、一つの原因として、服装が挙げられるのです。

子どもの心に触れ、よい影響を与えたいと思ってもなかなかうまくいかない、という教師についても同じことが言えます。そして、子どもの心に触れることができなければ、彼らが主体的に学ぶことは難しくなります。こうした教師は、自分自身の力量不足にストレスを感じることになってしまいます。**力量不足かどうかは、服装に現れるのです。**朝、服を選ぶたびに、世間に向けて「私はこういう人です」というメッセージを発信していると思ってください。

まずは、現実に目を向けてみましょう。教師には、子どもの学びをより高次なものにする責任があります。また、教師は、子どもたちから尊敬され、その状態を保ち続けることが求められます。**そこでの「尊敬する気持ち」は、見た目が引き金になるのです。**

教師としてふさわしい服装をしていれば、子どもたちは「格好いい」「何か変」など、あなたの着ているものについて感想を言ってくれるようになります。あなたのことを「身だしなみを気にする人」だと思うからです。でも、あなたが教師にふさわしくない服装の場合、子どもたちは何も言いません。服装に気を遣わない人だと判断し、「先生の服装は気にする必要はない」と思うのです。**「人が自分のことを気にしてくれている」。服装を通**

してそう感じるのはとても大切なことです。そのためにもきちんとした服装をすべきなのです。

あなたのことを気にしてくれる人たちは、あなたを尊敬し、あなたから学び、あなたからモノを買ってくれます。そう、プロの教育者としてあなたが売っているのは、**「子どもたちの知識と将来の成功」**です。

3・子どもたちが世界で羽ばたく準備を

きちんとした格好をすることには、どんな意味があるのでしょうか？　子どもたちには、言葉遣い、文章の書き方、お金の使い方や公の場での振る舞い方などを教えますよね。服装についても同じです。では、その先には何が待っているのでしょうか。

子どもたちを将来、世界に送り出す準備をするのが学校の役割の一つだというのは、万国共通の認識です。そう、「世界」です。特定の町や地域、国ではありません。**私たちは、人々が国際的な企業で働く、競争の激しい世界経済の中で暮らしています。**あなたのクラスの子どもたちの多くも、将来は世界各国にオフィスがある企業で働くことになるでしょう。

「世界で成功するためには、グローバルな考え方が必要である」

予測が困難な未来に備えるためには、世界を知らなくてはなりません。もし、自分自身が世界についてあまり知らないようなら、時間をつくってリサーチをしてみましょう。たとえば空港に行き、アメリカン航空やルフトハンザ航空、シンガポール航空などの航空機の乗客が到着する様子を観察します。または、大きな都市のビジネスの中心地に行き、人々（会社役員、店舗のオーナー、営業マン、サポート・サービスの人など）の服装を観察しましょう。サポートと言えば、学校では一般に教師よりも事務職員のほうがきちんとした服装をしているようですが、いかがでしょうか？

様々な人を観察した後、学校に行く前に鏡で自分の姿をよく見てみましょう。子どもたちはみんな、あなたを教師（成功した人）のお手本として見ます。鏡を見ながら、三つの質問をしてみます。

1　不動産会社で採用してもらえるだろうか？

2 マクドナルドで、客に食事を出しても大丈夫な人物だと判断されるだろうか？
3 大事な子どもや孫、姪、甥を、この服装の教師に安心して任せられるだろうか？

話は変わりますが、有罪判決を受けた何人かの強盗犯に、人が行き交う大通りの映像を見せ、大通りを歩く不特定の人々の中から、どの人をターゲットとするかの実験をしました。すると彼らは、驚くほど同じタイプの人ばかりを選んだのです。強盗犯が目をつけたのは、猫背で無気力そうで、身なりのだらしない、打ちひしがれた様子でのろのろと歩いている人たちでした。姿勢よく、自信を持って目的地に向かってスタスタと歩いていくような人たちは敬遠されました。このような人たちは、「自分の人生をコントロールしている」というメッセージをその外見から発していたのです。

服装は、あなたが自分を大切にしているか、そうでないかを世間に公表していると言ってよいでしょう。誰もが、そのメッセージを読み取ることになります。教師として、あなたは次のどちらのメッセージを発していますか？

1 私は貧乏で、低賃金で働き、だらしなく陰気で、必要とされない集団の一員だ。
2 私は誇りを持ち、愛情深く熱心で責任感の強い感謝されているプロ集団の一員だ。

このメッセージは、学校で子どもたちにも伝わっています。カジュアルな服装を快く思っていない職員や同僚、管理職にも伝わります。

営業担当者や会社経営者、あるいは指導者向けトレーニングの担当者も皆、次のように言うはずです。「どういうふうに振る舞うかで、**あなたは世界に向かって自分が何者で、人生に何を求めているかを伝えているのです**」。

成果を上げる教師は…

1 教師としてふさわしい服装で学校に行く
2 成功にふさわしい服装をしている
3 子どもたちのお手本だ
4 グローバルな考えを持ち、行動する

Ⅳ 子どもに学ぶ意欲を

THE KEY IDEA　本人が持つ可能性を最大限に引き出すには、人、場所、方針、手順、計画が総合的に整うことが大切

1・誘《いざな》う教育（Invitational Education）

「成果を上げる教師は、毎日、どのクラスでも子どもたちや同僚に、一緒に学ぶことを誘《いざな》う力を持つ」

「新学期の保護者懇談会にクラスの子どもたち30名中、25名の保護者が出席！」

カリフォルニア州サンノゼの教師シンディー・ウォンは、クラスの子どもたちに、その

日の夜に行われる保護者懇談会の招待状を家に持って帰ってもらいました。

さらに、その招待状のコピーと折り紙の鶴、それぞれが親に宛てて書いた手紙を、帰宅する際に自分の机の上に置かせました。子どもたちはみんな、学校に「特別な」楽しみが用意されていることを喜んで家で話しました。

あとから保護者に話を聞くと、「プレゼントがあるから絶対に行って！」と言っていた子たちもいたようです。その結果、子ども30名中、25名の保護者がその夜の懇談会に出席しました。これは、まさに教師の「誘《いざな》い」の効果でしょう。

保護者の方へ

お子様の教室へようこそ！　このクラスでの活動は、お子様の将来につながっています。有意義なものにすることを、お約束します。様々な取組で、帰宅する頃にはお子様が疲れ切っていることもあるかもしれません。それくらい、私は時間を有効に使って指導に当たるつもりです。このクラスには、すばらしい子どもたちが集まっています。これからの1年間が、とても楽しみです。ぜひご協力いただき、一緒に目覚ましい１年を実現させましょう。

ミセス・ウォン

お母さんへ

僕のことを気にかけて、話を聞きに、学校に来る時間をつくってくれてありがとう。僕たちは今、白血病に勇敢に立ち向かったサダコという女の子のことを勉強しています。折り鶴には、平和と、願い事をかなえる意味があるんだよ。僕がお母さんのために特別に折った鶴を置いておきます。お母さんが愛されて、平和にずっと幸せでいられますように。大好きだよ！

愛をこめて、エミリオ

2・人を誘《いざな》うための基本

「人を誘《いざな》うためには、まず信頼関係を築くことが大切である」

成果を上げる教師は、保護者とよい関係を築きます。子どもたちの可能性を解き放つパートナーになってもらうのです。入学式の前に保護者や子どもたちを学校に招待し、もてなすには、60ページを参照してください。

成果を上げる教師は、誘《さそ》うことが上手です。誰でも、ショッピングやパーティー、何かの集まりに誘《さそ》われると嬉しく感じます。ドアのところで人を出迎える、人を紹介されたら挨拶を交わす、お客様には飲み物や食べ物をすすめる、といったことを私たちは一般に礼儀としてわきまえています。こうしたことは当然のことと見なされ、あまり意識せず実践されています。このような誰でもできるちょっとした行為を、学校でも学年を問わずにするべきです。

クラスの中を歩いてまわって、もてなす雰囲気ができているかを確認しましょう。子どもや、保護者の第一印象はどのようなものになるでしょうか。

- ・ドアはわかりやすく表示されていますか？
- ・歓迎の言葉や必要な情報は貼り出されていますか？
- ・掲示にわかりにくい専門用語は使われていませんか？
- ・子どもが最初にやるべきことは、わかりやすくはっきりしていますか？
- ・子どもたちのことを大切に思っていることが、伝わるような工夫はありますか？

成果を上げる教師は、子どもたち全員が同じように有能で価値があると考えます。信頼でき、あらゆる分野でまだ引き出されていない才能を持っている、という一貫した見方を持っています。

何かを聞かれたり褒められたりされるのは、受け入れられている証拠です。何も聞かれず、褒められもしないと、そうではないということになります。この考え方はウィリアム・W・パーキーによって理論付けられました（invitational education）[16]。

あなたは人を誘い出す言葉を使っていますか？

○	×
○　誘《いざな》う言葉 ・「おはよう」 ・「おめでとう」 ・「手伝ってくれて助かるわ」 ・「その話、もっと詳しくしてもらえるかな」	**×　遠ざける言葉** ・「それは無理ね」 ・「好きにしたら。あなたがどうしようと構わない」 ・「できるはずないでしょ」 ・「僕がそう言ったから。それが理由だ」
○　誘《いざな》う態度 ・微笑む ・話を聞く ・親指を立てる、ハイファイブをする ・ドアを相手のためにドアを押さえてあげる	**×　遠ざける態度** ・あざ笑う ・腕時計を見る ・相手を押しやる ・ドアを押さえず、後ろにいる人の目の前で閉まるようにする
○　誘《いざな》うための環境 ・きれいな塗装 ・観葉植物 ・清潔な壁 ・心地いい家具	**×　遠ざける環境** ・暗い廊下 ・観葉植物なし ・悪臭 ・くたびれた、あるいは心地悪い家具
○　誘《いざな》う考え（ひとりごと） ・「ミスをしても大丈夫」 ・「鍵を置き間違えたようね」 ・「覚えてみよう」 ・「ときどき、話す前に考えをまとめておかなきゃ、と感じる」	**×　遠ざける考え方（ひとりごと）** ・「私は何て馬鹿なんだ」 ・「また鍵をなくしちゃったわ」 ・「あんなことをするのは絶対に無理だ」 ・「何を言えばいいのかさっぱりわからない。話についていけない」

3・あなたは大切な人

誘《いざな》う教育（Invitational Education）では、**すべての人には人生の中に大切な人物がいる**と考えます。教師、指導者、メンター、同僚、上司、両親、親戚、コーチ、配偶者、友人などです。誰もが特別な存在なのです。

子どもたちはあなたの知識の深さよりも、信頼の深さに影響されます。目指すのは子どもを変えることですが、あなたの考え方に近づけるのではなく、あなたの感じ方に近づいてもらえるようにすることです。**子どもは言葉を拒むことはできても、受け入れてくれる人の態度を拒むことはできません。**

人の人生に影響を与える重要な人物には、人を誘《いざな》う言葉があります。子どもたちや同僚が**毎日、どのクラスでも一緒に学びたい**と思わせる力があります。思いやりや期待、姿勢、熱意、評価といったもので、人を誘《いざな》えるかどうかは左右されます。教師のこうした性質は、子どもたちの自己イメージや学習の可能性に大きく影響します。

「あなたは、私にとって大切な人です」。

毎日、子どもたちや同僚にこのメッセージが伝わるようにしましょう。

教師や大学教授などの教育者は、毎年幼稚園や小学校1年生のクラスを見学する時間をつくり、ワクワクする雰囲気を感じ取るとよいでしょう。子どもたちには、世界中のどんなことでも新鮮です。世界がその子たちの舞台で、できないことは何一つありません。まだ読み書きも覚えていませんが、教師が望むことは何でもやろうという意欲に満ちています。

担任の教師の様子も見ましょう。担当する子どもたちが、まだ読むことも書くことも、きちんと話すこともできないことを、その教師はわかっています。ご飯をうまく食べられなかったり、トイレが上手に使えなかったり、上着をフックにかけるときに、手伝ってあげたほうがいい子もいるでしょう。でも、「できない子たちばかりで困る」などと文句を言ったりはしないはずです。クラスは学ぶことを歓迎する雰囲気で活気にあふれ、どの子も、全員がどんどん吸収していく、できる子どもたちです。

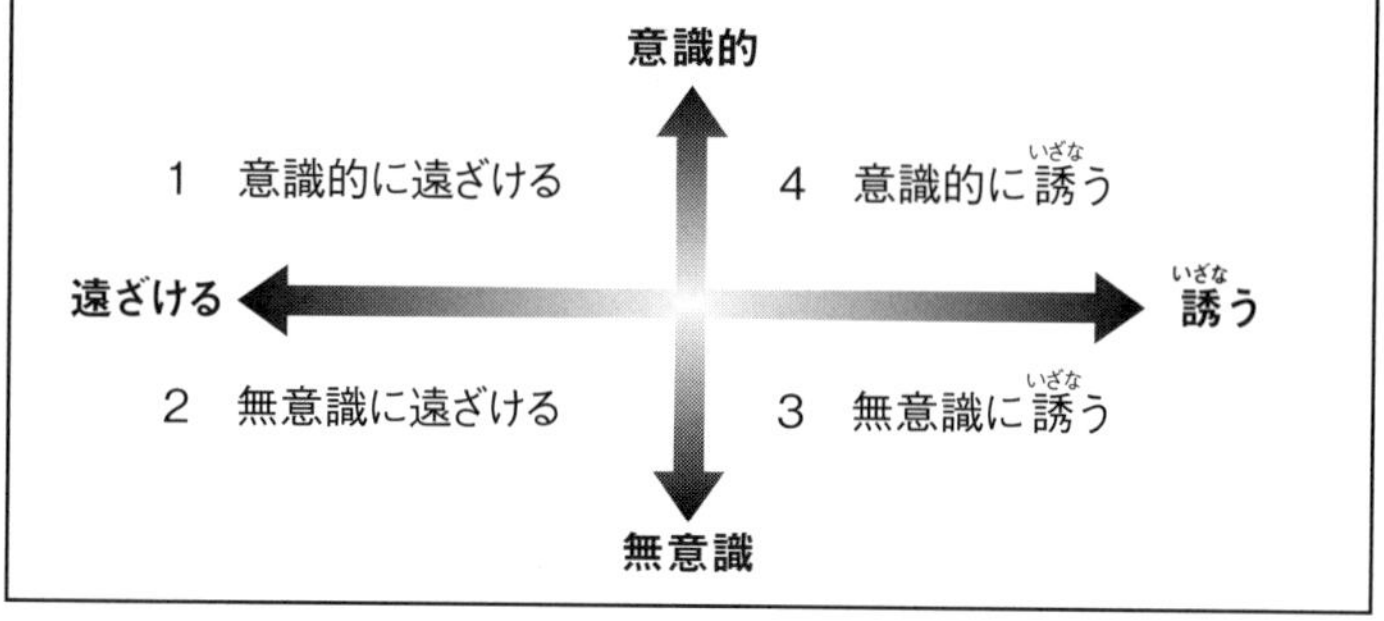

誘《いざな》う教育　4つの段階

4・誘《いざな》う教育の四つの段階

あなたが子どもたちに発しているメッセージには、四つの段階があります（上図参照）。それはそのまま、あなたが教師として有能かどうかに関わってきます。

①意識的に遠ざける

これは一番下の段階で少数派ですが、中には意地が悪い教師というのもいます。わざと子どもを傷つけ、やる気を失わせ、挫折させるのです。使う表現は次のようなものです。

「学校に来たって、意味ないだろう」

「これまで16年間教えてきたが、たった一度しか成績にAをつけたことはない」

「君には、たいしたことはできっこない」

こうした教師は、笑顔は見せません。

②無意識に遠ざける

教師の中には、自分が否定的であることに気づいていない人もいます。本人に悪気はないものの、周囲の人からは男尊女卑、いばっている、人種差別的、性差別をする、恩着せがましい、無神経などと思われています。次のような発言をしがちです。


「やる気のある奴しか教えない」

「勉強する気がないなら、勝手にすれば」

「あの子たちには、そもそも上達する能力がない」

「私の仕事は歴史の授業をすることで、他のことは関係ない」


このタイプは、腕組みをして子どもたちと接するのが特徴です。

③無意識に誘《いざな》う

〝生まれながらの教師〟タイプです。一般に子どもたちに好かれ、影響力を持ちますが、自分ではそのことを把握していません。人当たりもいいのですが、実はまだ子どもたちに成長の余地があることを見過ごしがちです。誠実で仕事熱心で、「こういう人と友人になりたい」と思わせるタイプです。次のような言葉をよくかけます。


「なんてかわいいの！」

「行けー！　みんな頑張れ！」

「それ最高だね」

「もう少し一生懸命やろうね」


そして、いつでも楽しそうにしています。

④意識的に誘《いざな》う

意識的に人を誘《いざな》う教師はプロとしての態度を身に付け、こつこつと堅実に仕事をこなし、成果を上げる教師として成長する努力を怠りません。健全な信念を持って教育にのぞみ、子どもの学びのプロセスを分析できます。一番大事なのは、**はっきりと目的を持って子どもたちを受け入れていることです**。次のような言葉を子どもにかけます。

「おはよう。今日もいい1日になるといいね」
「これやったら、みんなびっくりすると思うよ」
「将来はきっと◯◯で一番になれるよ」
「よかったら手伝ってもらえる?」

こうした教師は、ちょうどいいタイミングでその場に適した感情を表すようにしています。

「成果を上げる教師は、ドアを開けて子どもたちを学びの場に招き入れることができる」

「前向きな期待」と「誘《いざな》う教育」を取り入れることで、あなたは大きな影響力を持つ、成果を上げる教師になれます。

成果を上げる教師は…

1　人を招き入れる人柄を持つ

2　歓迎する雰囲気の教室をつくりだす

3　子どもたちを意識的に誘《いざな》うようにする

V どうしたら子どもはお行儀よくなるのか

THE KEY IDEA 教育の肝《ハート》は、心《ハート》である

1・五つの大事な概念

本当に成果を上げる教師というのは、思いやりに満ちたあたたかい、愛すべき人物です。

子どもを変えるための教育を実現するには、**「教師と子どもの関係がすべて」**と言っても過言ではありません。子どもとのよい関係をつくるためには、子どもたちが課題に取り組み、教師が子どもと一対一の関係を築ける学級経営が行われていればスムーズになります。子ども、保護者、教師、全員がつながりを求めています。

子どもの人生においては、手本となる人物が必要です。尊敬できるヒーローのような存在で、なおかつ関わりを持てる人です。それが教師であってもいいわけです。人生という

旅路の中で出会う人が、彼らの成功に大きな影響を与えることがあります。こうした手本となる人物は、人が求めていることに対応するための概念を理解し、実践しています。それは「人を名前で呼ぶこと」「『～してもらえる？／お願いします（Please）』『ありがとう』を言うこと」「微笑むこと」「思いやりとあたたかみを持つこと」です。

■前向きな期待をかなえる五つの概念

1　名前
2　～してもらえる？／お願いします（Please）
3　ありがとう
4　笑顔
5　愛情

2・子ども一人ひとりを名前で呼ぶ

成果を上げている営業マンは、とても簡単でありながら効果抜群の、あるテクニックを使っています。あなたの名前を確認し、自己紹介をし、話を始めるのですが、そのときに**7〜10の文章ごとに、あなたの名前を織り込むのです**。なぜなら、名前を声に出すことで、その人を尊重し、敬意を表していることになるからです。

名前は、その人の存在を示す大切なものです。世の中には他にも同じ名前の人がいるかもしれませんが、それぞれの人にとって世界で唯一のものです。人混みの中でも、自分の名前は聞き取れます。自分の名前が聞こえると、注意がそちらに向くのです。営業マンは、そのことを心得ています。あなたが自分の名前に注意を向けるのは、「自分は大事だ」という意識があるからです。

成果を上げる教師も、同じです。「子どもに何かしてほしい」というときには、特に意識して名前で呼びかけます。

子どもに声をかけるときは、必ず名前を呼びましょう。

子どもの名前を声に出すときは、あたたかみと敬意をこめましょう。決して怒りや軽蔑した感じを出してはいけません。それは、子ども自身に対する攻撃になります。

子どもの名前は正しく発音しましょう。

名前はその人だけの貴重な財産です。自分の名前が正確に発音されているのを聞くことは、とても重要です。ここで失敗すると、「子どもたちはお互いの名前を尊重しなくて構わない」と受け止めてしまいます。そして、名前をからかったり、馬鹿にしたり、という行為につながっていくのです。

人の名前を口にするとき、あなたは次のようなメッセージを発信しているのです。「あなたは大切です。私にとって名前でお呼びするくらい大切なのです」。また、こうも言っています。「あなたのことを気にかけているので、お名前を存じ上げているのです」。

私たちは、注目されることに飢えているのです。

・平均的な子どもが両親から注目される時間は、約12分です。
・アメリカ人のほとんどが、18歳までには両親や友人たちと向き合っている時間よりも、テレビに向かっている時間のほうが長くなります。
・平均的な若者は、毎日3時間以上を1人で過ごします。
・高齢者に関して大きな問題となっているのは、彼らが自宅から外に出ず、孤独に陥っていることです。

カーネギー教育振興財団は、2万2000人の教師を対象に調査を行い、次のような結果を公表しています。

・90％の教師が、学校において、両親のサポートの欠如が問題になっていると回答しています。
・89％の教師が、勤めている学校に虐待や育児放棄の被害に遭っている子どもがいると回答しています。
・69％の教師が、子どもの健康状態がよくないことが問題だと回答しています。
・100％の教師が、子どもたちを「愛情や注目に飢えている状態」だと回答しています。

3・「～してもらえる？（please）」と言うようにお願いします（please）

文化的で礼儀正しい人たちは、態度でそうとわかります。礼儀作法で大切なのは、相手に対する敬意を持ち、「**あなたに注目しています**」というメッセージを送ることです。礼節を欠くことはコミュニティーの崩壊につながりかねず、成果を上げることができていない学校やクラスなどでは、互いに貶めるような態度が見られるようになります。

たとえ子どもに対してであっても「～してもらえる?／お願いします（please）」と言わない教師は、感受性の強い子どもたちに「他人を尊重せずに高圧的に命令しても構わない」と伝えていることになります。子どもはそのとき、心の中を見せないかもしれませんが、実はこうした礼節を欠く態度には憤りを感じているものです。

「～してもらえる?／お願いします」と言わずに、頼みごとを命令として発すると、相手の自由やプライドを少しずつ奪っていることにつながります。このようなことが続くと、子どもたちの多くは、すでに1日中怒鳴られ、自由や尊厳を傷つけられた状態で学校に来ることになるのです。

「糊をとってもらえる?」と言うとき、本当はこう言っているのです。「もしよろしかったら（あなたにとって楽しいことなら）糊をとっていただけませんか? お願いします」相手に手助けを求めているだけではなく、自分に対して優しい気持ちを持ってもらいたいという思いが含まれています。「～してくれる?／お願いします」は、優しさに対する感謝を表します。言葉にするとき、実際には「あなたの優しさと、あなたの人としての在り方を尊敬しています」と伝えていることになります。

■あなたが意識すべきポイント

1　思いやりは「〜してもらえる？／お願いします」という言葉から始まります。

2　文化的な礼儀正しい人は「〜してもらえる？／お願いします」という言葉をごく自然に使い、きちんとした態度が身に付いています。

3　子どもに対して「〜してもらえる？／お願いします」を繰り返し言うことは、その子が「〜してもらえる？／お願いします」と言う習慣を身に付けるために特に重要です。

4　「〜してもらえる？／お願いします」という言葉は、相手に何か頼みごとをするときに使います。さらに、相手の名前と組み合わせることでより効果を発揮します。たとえば、「トレヴァー、〜してもらえる？」というように使います。

5　課題や宿題、クラスで配るプリント類に「〜してもらえる？／お願いします」という言葉を入れることを検討しましょう。

4・あなたがしてくれたことに、本当に感謝している「ありがとう」

「～してもらえる？／お願いします」という言葉は、**「ありがとう」**なしには使えません。この二つの言葉はセットになっています。どちらかが欠けるとフォークがなくてナイフだけ、バックルのないベルト、封筒のない便箋のような感じになります。「ありがとう」と言うとき、相手に何かを命じたのではなく、あなたのために親切にしてくれたことに対する感謝の意を表明しているのです。

「ありがとう」と言うことで、相手に「あなたの行為と思いやりに感謝します」と伝えています。子どもに、よく学ぶ思いやりのある子になってほしいと思うのなら、まずはあなたが「ありがとう」と言いましょう。そうすることで、その子どもに勤勉で優しく、それに対して感謝していることが伝わります。

・「ありがとう」は、つなぎ言葉として最適です。クラスで新たな授業や校外での活動、課題に移るときに使いましょう。次にやろうとしていることを楽にしてくれます。

・最も効果的なのは、「ありがとう」と名前を組み合わせることです。「本当に助かったよ。ありがとう、ジョージ」、あるいは「ジョージ、本当に助かったよ。ありがとう」。
・課題や宿題、クラスで配るプリント類に「ありがとう」という言葉を入れることを検討しましょう。

5・微笑みはケーキの上の粉砂糖

名前を呼び、「～してもらえる?／お願いします」「ありがとう」と言う効果を最大限に高めたいのなら、**微笑みましょう**。努力はいりませんし、しかめっ面をするより簡単です。しかも、しかめっ面より使う筋肉も少ないので、疲れません。「～してもらえる?／お願いします」や「ありがとう」を言うことのように、微笑むことも習慣で身に付くものです。

微笑みは、夕食のお皿に添えられたパセリであったり、仕事がうまくいったねぎらいに背中をポンと叩かれること、「大好き」を表すハグのようなものです。ケーキの上の粉砂糖であり、ちょっとしたおまけなのです。

微笑むことで、次の三つのことが伝わります。

1　あなたはとても優しくて親切だ。
2　洗練された態度を身に付けている文化的な人だ。
3　自分自身に満足していて、みんなにもそうであってほしいと思っている。

笑顔は万国共通の言葉で、理解、平和、調和を表します。次世代に世界平和と相互理解を求めるのなら、そのサインを教えておかなければなりません――笑顔です。

微笑みは前向きな雰囲気をつくりだすのに効果を発揮し、怒っている人をなだめ、こういうメッセージも発します。

「私のことを怖がらないでください。あなたの力になるためにここにいるのです」。

1　満面の笑みは必要ありません。落ち着いた微笑みで十分です。
2　微笑んで名前を呼びましょう。
3　微笑んで話し、ときおり「間《ま》」をとりましょう。舞台に立つ人であれば、スピーチをするときでも、ジョークで人を笑わせるときでも、パフォーマンスをするときでも、「間《ま》」が大切だということを知っています。含みをもった「間《ま》」をとってから重要な発言をしたり、思いを伝えたり、ジョークのオチを言ったりするのです。

■微笑み、話し、間《ま》を取るテクニック

STEP1 微笑み。微笑みながら、子どもに近づきます。その子どもに、厳しく注意をしようと思っていてもです。

STEP2 フィードバック。あなたの微笑みに対する反応を見ましょう。微笑み返しているでしょうか。リラックスしていて、あなたが近づいているのを穏やかに受け入れていますか？

STEP3 間《ま》。（含みをもたせる時間です）

STEP4 名前。「ネイサン」とかすかに微笑んで言います。

STEP5 間《ま》

STEP6 〜してもらえる？ 依頼することを伝え「〜してもらえる？」と言います。穏やかな落ち着いた声で話し、怖がらせないよう、かすかな微笑みを浮かべます。

STEP7 間《ま》

STEP8 ありがとう。最後に「ありがとう、ネイサン」と言い、微笑みます。

これを鏡の前で、何度も繰り返し練習しましょう。

6・すべては愛に

幸せで成功をおさめるために必要なものは二つだけです。**愛情豊かなことと、有能であることです。**成果を上げる教師は、自分の能力を高める努力を怠りません。

成果を上げる教師は、思いやりのある、あたたかい、愛情深い人物です。何年も経ってから、子どもが「影響を受けた先生」として思い出すのは、自分のことを心から気にかけてくれた教師です。このような教師は、子どもが自分のことを本気で気にかけていることを感じ取ってくれて初めて、子どもに学びが生まれるとわかっています。

成果を上げることができない教師は、ただ製品を提供すればいいと考えているのです。「歴史を教えるのが仕事だ」「3年生を教えるために採用された」といった考えです。

成果を上げる教師は、製品以上のもの、「サービス」も提供します。子どもたちの学習の手助けをすると同時に、それぞれの人生をより豊かにします。こうした教師は、自分自身も人生をより豊かにしようと日々実践に努めているため、ブレることはありません。

何よりも誠意あるサービスは無償ででき、訓練や特別な服装、大学の単位も必要ありません。それは話を聞くこと、気にかけること、愛することから始まります。

「教える理由は愛。愛にお金はかからないが、
人が持ちうるものの中で、最も貴いものである」

クラスの全員に対して、大好きだと直接言う必要はありませんが、態度で示すことはできます。子どもの人生にとって重要な人物になりたいと思ったら、その子のことを気にかけていて愛情を持っていることを伝えなければなりません。身振りや発言などを通じ、子どもがそのことを汲み取ることができるようにします。**重要な人物が大事な言葉を話したり、行動を起したりすると、他の人から前向きな態度が引き出しやすくなります。**

今、この本を読んでいるあなたへ。子どもたちのお手本になって頂き、ありがとうございます。

成果を上げる教師は…

1　子どもを名前で呼ぶ
2　「～してもらえる？／お願いします（please）」と「ありがとう」を言う
3　穏やかな落ち着いた笑みをたたえる
4　愛情深く、思いやりがあり、愛すべき有能な人物だ

CHAPTER 3

第二の特徴──「学級経営」

成果を上げる教師は、学級経営が抜群にうまい

I

学級経営を成功させるために

THE KEY IDEA

成果を上げる教師は学級経営をうまく行い、
子どもたちが学びに集中できる環境をつくりだす

「最初に知っておくべきこと。
それは、学級経営はカリキュラムのすべての中心であるということである」

1・CHAPTER 3は本書の中で特に大切

私たちは、子どもが学ぶ上で何が最も大事なのかを突き止めました。50年間にわたる1万1000もの調査結果を分析する研究が行われ、3人の研究員が子どもの学びに影響する28の要素を特定し、影響力の大きさで順位付けを行いました。その結果、子どもが学ぶ上で、最も大事な要素は**「学級経営」**でした。[17] このCHAPTER 3があなたにとって「特に大切」というのはそういう意味です。

統計で、学習に最も影響しないという結果が出たのは、「子ども個人の特性」でした。具体的には人種、肌の色、性別、国籍、宗教や家族の経済状況などです。こうした要素は、子どもが学びを達成するかどうかに影響しません。

子どもが学びを達成しないのを、その子の特性や文化的背景のせいにするのは、絶対にやめましょう。

あなたが学級経営をうまく行えるかどうかが、子どもたちがどれだけよく学べるかを決定づけます。本書は、以下の研究結果にも基づいています。

■成果を上げる教師には三つの特徴がある。[18]
①学級経営に長けている
②授業を極めている

③前向きな期待を持っている

■教師として成功するのに、一番大切なのは学級経営だ。[19]

■子どもの学びを最も左右するのは学級経営だ。[20]

■1年を通じて最も大事なのは学級開きだ。学級開きで、子どもを変えていく学級経営をスタートさせること。[21]

すべては教師次第です。教師が知っていること、できることが教室の中で変化をもたらします。

2・成果を上げる教師は学級経営がうまい

ステーキの焼き方を知っていても、レストラン経営がうまくいくとはかぎりません。経営者として成功するには、経理、国や地域のルール、食品衛生法、労働契約、従業員や顧客との接し方に精通している必要があります。経営者にとって、ステーキの焼き方を知っているかどうかは大事ではありません。大事なことは、言うまでもなくレストランを経営することです。

たとえば、あなたが大学で英語を学び、学位を取得していたとしても、それで優秀な英語の教師になれるわけではありません。教師としてまずやるべきなのは、きちんとした学級経営の方法を学ぶことです。その次のステップとして、CHAPTER 4で述べている、子どもに指示を与えたり、評価をしたりするなどの授業方法を学びます。

「成果を上げる教師は、学級経営をきちんと行う。そうでない教師は、子どもたちを押さえつけようとする」

教師以上に、いい学級経営を望んでいるのは子どもたちです。きちんと運営されているクラスでは、いつでも安心して過ごせるからです。こうしたクラスでは、びっくりするような事件があったり、誰かが叫び出したりするようなことはなく、教師、子どもたち全員が、何が行われるかを把握しています。クラスの中で、決まった方法を取り入れることで、「一貫性」が生まれます。

子どもたちが最も嫌がるのは、**教師に計画性がなく、支離滅裂ではないかと感じること**です。こうした教師の頭にあるのは、授業をすること、プリントを配ること、ビデオを見せること、活動を行うことなどで、学級経営に考えが及んでいないのです。学級経営がされていないと、クラスには秩序がなくなり、学習はうまく進みません。

新学期の初めの1週間で、教師が目指すべきことは「一貫性」の確立です。クラスで行われることは、あらかじめ予測ができ、一貫性がなくてはなりません。子どもたちが自分のクラスがどのように運営されているのかをわかるようにしておきましょう。授業中に鉛筆の芯が折れたらどうすればいいのか。子どもが遅刻したとき、あるいは教師の手助けが必要なとき、廊下に出なければならないとき、活動から次の活動に移るときはどうするのか。すべてわかるようにしておきます。そうすれば、何かがあるたびに大声で指示をすることもありません。

CHAPTER 1の内容を思い出してみましょう。治安の不安定な地域にある学校の子どもが、こう言っています。

「この学校に通うのは楽しいです。だって**みんなが何をすればいいのかわかっているから**。誰にも怒鳴られないので、思う存分勉強できます」。

「何をすればいいのか」の「する」という言葉は大切です。子どもが変わる教室では、子どもたち自身が学ぶために責任を持って行動します。そうでない教室では、教師がいつでも子どもたちの態度を気にすることになります。

3・そもそも学級経営とは何か？

学級経営とは、教師が空間や時間、資料などを活用し、子どもたちの学びに備えるあらゆることを指しています。

ブロフィーとエヴァーソンは、「教師の成果に関する調査では、学習の成功には学級経営が最も大切だという結果でほぼ一致しています。判断基準が子どもたちの学びであっても、レーティングであっても、それは変わりません。つまり、教師にとって学級経営のスキルを身に付けることは基本であり、絶対に必要なことです。学級経営のスキルを身に付けていない教師は、あまり多くを達成できないでしょう」[22]と述べています。

学級経営のスキルを身に付ける際、目指すべき目標は二つです。

①クラスのすべての活動に、子どもたちがなるべく参加し、協力するように促すこと。
②生産的な学びの場を確立すること。

学級経営がうまくいっているクラスには、教室を系統化する手順と決まったやり方があ

ります（Ⅸ（216ページ）、Ⅹ（256ページ）をご参照ください）。それを活かすことで教室で行う様々な活動が円滑に進み、ストレスもなくなります。読むことやノートを取ること、グループ活動をすること、話合いに参加すること、資料をつくったりすることなどがそこに含まれます。成果を上げる教師は、こうした活動すべてに子どもたち全員を巻き込み、協力してもらいます。

本章では、「子どもたちを巻き込み、学びを高める」「そのためのクラスの雰囲気をつくる」という二つの目標を達成し、あなたが成果を上げる教師になるお手伝いをします。そのようなクラスには、学びにつながる環境が整っているのです。子どもたちは自ら学びます。集中して話を聞きます。子ども同士は協力し合い、お互いを尊重します。子どもたちは自己鍛錬ができています。一生懸命に課題に取り組みます。教室で使う資料は、きちんと準備が整っています。教室内の机や椅子などは生産性が上がるような配置になっています。そして全体に、穏やかで前向きな雰囲気が漂っています。

レストランや飛行機、病院などでもおそらく同じことができるでしょう。誰でも、一度はこう思ったことがあるのではないでしょうか。「私だったら、やり方を変えるんだけど……」。

教室は、あなたに任せられている場です。あなたが成すべきは、学級経営です。本章で

うまくいく学級経営の４つの特徴を取り入れるテクニック

特徴	成果を上げる教師（Effective Teacher）	成果を上げられない教師（Ineffective Teacher）
子どもたちの熱心な取組	・子どもたちが、作業している（160ページ参照）。	・作業をしているのは教師。
子どもたちは期待されていることを、はっきりと把握	・子どもたちは課題の目的を把握（310ページ参照）。 ・子どもたちはテストの目的を把握（322ページ参照）。	・教師は「第３章を読んで、内容を理解すること」と言う。 ・「第３章のテストをします」と言う。
無駄な時間、混乱、中断は少ない	・教師は、手順と決まったやり方を取り入れている（216ページ参照）。 ・教師はすぐに授業を始める（160ページ参照）。 ・教師は課題を掲示しておく（161ページ参照）。	・教師はそのときの気分でルールをつくったり、子どもを罰したりする。 ・教師は出欠をとり、ぐずぐずする。 ・子どもたちが繰り返し課題を求めてくる。
学ぶ意欲に満ち、同時にリラックスした心地いい雰囲気	・教師は、子どもたちがルーティーンになるまで時間をかけて手順の説明をしている（231ページ参照）。 ・教師は、子どもたちの注目を集めるやり方を心得ている（239ページ参照）。 ・教師は子どもが成し遂げたことを褒め、子どもをさらに勇気づけるやり方を把握している。	・教師は手順の説明はするが、その練習をしていない。 ・教師は声を張り上げ、教室の電気をつけたり消したりする。 ・教師は一般的な褒め言葉を使うか、何も言わないかのどちらかだ。

は、学級経営の極意のすべてをお伝えし、あなたができるだけ早く子どもたちを成功へと導くクラスをつくれるようにしていきます。

■うまくいっている学級経営の特徴[23]

①子どもたちは課題、特に教師が提示した探究的課題に熱心に取り組む。
②子どもたちは自分に何が期待されているのかを理解し、学習を達成できる。
③無駄な時間、混乱、中断はあまりない。
④クラスは真剣に学ぶ意欲に満ち、同時にリラックスした心地よい雰囲気がある。

4・学習に集中できる、予測できる環境

学級経営がうまくいっているクラスでは、学習に集中できる雰囲気が生まれます。子どもたちは何が期待されているのか、どうすればそれを達成できるのかを理解しています。ほとんどの子どもは、学級経営がうまくいっているクラスにいるほうが、より高いレベルでの学習を達成できるということが、ある研究からも報告されています。

学級経営がうまくいっているクラスでは、先の予測がつきます。教師も子どもたちも何をすればいいのか、クラスで何が行われるべきなのかをわかっています。学級経営がうまくいっていれば、あなたは目を閉じていても学びが行われていること、そして、なぜそうなっているのかも把握できるはずです。

学級経営をきちんと行い、学習に集中できる、何が行われるか予測できる環境をつくるのは、教師の責任なのです。

成果を上げる教師は…

1　学級経営がうまくいくよう、努力をする
2　一貫性を確立する
3　子どもたちは課題に取り組む
4　クラスには、混乱や無駄な時間はあまりない

Ⅱ　教室の準備をする

THE KEY IDEA

計画性のある教師は子どもの学びを最大限に引き出し、
よくない行動を最小限にとどめる

1・どうして成果を上げる教師は、ほとんど問題を抱えることがないのか

「成果を上げる教師は、子どもの行動に悩むことはほとんどない。
そうでない教師は、いつでも子どもの行動に頭を悩ませている。
だが状況を改善するのは、実は簡単なのである」

まず、効率の悪いやり方は避けましょう。あなたと子どもたち、双方が苦労することになります。苦労している教師の教室は、準備ができていません。混乱は問題を招き、問題は荒れた行動につながり、荒れた行動は教師と子どもの確執へと発展します。結果として、教師は日々ストレスを抱えることになり、消耗し、疲れ果て、ネガティブになり、皮肉っぽく怒りやすくなります。そして問題を他人や状況のせいにしていくのです。

■**成果を上げる教師は、準備ができている**
①**成果を上げる教師は、教室を準備する**⬇CHAPTER 3――学級経営
②**成果を上げる教師は、課題を準備する**⬇CHAPTER 4――授業を極める
③**成果を上げる教師は、自分自身を準備する**⬇CHAPTER 1――基本的な理解／CHAPTER 2――前向きな期待

新年度の学級経営の大切さを最初に提唱したのは、エヴァートソンとアンダーソンでした。[24] 彼らは、学級経営を改善するには、教師の研修が欠かせないことを示しました。研修を経て教師が子どもを変えられるようになると、教室も整うのです。[25]

成果を上げる教師は、新年度の初めに計画を立てることで問題を未然に防いでいまし

た。彼らの計画には、次の要素が含まれていました。

・できるだけ効率よく時間を使うこと。
・できるだけ授業への参加率を上げ、問題行動を下げるようなグループ計画を立てること。
・授業形式や学習課題を、なるべく子どもたちが参加できるものにすること。
・参加するための手順をはっきりと説明すること。

成果を上げる教師は、このように準備をしていたため、問題行動が起こるのを未然に防ぐことができたのです。子どもを変える教師が成果を上げられるのは、子どもの行いに関する問題があまりないため、子どもたちが学習に集中できるからです。

そして、子どもの行動に関してストレスを感じることが少なく、日々幸せな満ちたりた気分で、誇りを持って帰路につくことができます。

①成功するレストランは準備ができている

テーブルは準備が整っています。テーブル・セッティングは整い、予約の時間にあなたが到着するのを待っています。

ダイニング・ルームは準備が整っています。快適な食事をしてもらえるよう、ダイニング・ルームはしつらえが済んでいます。

スタッフは準備ができています。スタッフは教育や訓練を受け、あなたが食事を楽しんでくれるよう高い期待を持っているので、よいサービスが見込めます。

②成功する教師は準備ができている

仕事の準備ができています。机、教科書、プリント、課題、資料などは始業のチャイムが鳴る前に準備が整っています。

教室は準備ができています。教室は、学習に集中できる前向きな雰囲気に満ちています。

教師は準備ができています。教師はあたたかい、前向きな態度で、子どもたち全員が成功するという「前向きな期待」を持っています。

教室では、毎日欠かさずに環境を整えましょう。特に学級開きの日は大切です。これは当たり前のことです。レストランやオフィス、お店に入るとき、あなたは自分を迎える準備ができていることを当然のことと考えます。もしそうでなければ、怒るでしょう。

家でディナー・パーティーを開くとき、招待客が到着するまでにテーブルが整っていれば、そのパーティーはきっとうまくいくでしょう。あなたのチームやグループが競って成果を上げることが求められているなら、そのための準備が整っていれば勝てる見込みは高くなります。子どもがクラブのミーティングに参加するとき、あらかじめ議題がよく吟味されていれば、そのミーティングはうまくいくでしょう。

もし、営業マンがお客様から電話がかかってきたときに、準備できていなかったら、販売のチャンスを失います。入社面接の準備ができていなかったら、次の面接はもうないかもしれません。教師に指名されたときに準備できていなかったら、点数が下がったり、成績に響いたりするかもしれません。

現実では、準備不足で仕事を失うこともありえます。社会に出ていくために、子どもたちは準備することの大切さを学ばなければなりません。私たち教師がお手本となって、子どもたちに準備することを教えていくのです。ものごとを整理できていないと、教える準備ができていないというメッセージを大声で発していることになります。

「成果を上げる教師の第一の条件は、準備がしっかりとできていることである」

2・机一つ動かす前に……

教室内の配置を変えたり、壁面に何かを貼り出したりする前に、以下のことを確認しておきましょう。

①新年度が始まって1週間で確立すべきは、学びの環境です。
②新年度の最初の1週間は、組織をまとめること、子どもたちに手順を学んでもらうことに重きが置かれるべきです。
③子どもたちに手順を学ばせることに、時間を使いましょう。教室を陳列ケースのように派手にする必要はありません。シンプルで清潔な掲示板が二、三つあり、棚、植木鉢さえあれば、誰の邪魔にもなりません。

④学校が始まるとき、教室配置や飾りつけに凝りすぎないようにしましょう。
⑤教室は整然としていて快適であるべきですが、保護者懇談会に向けて究極の教室にするために、時間を費やすのはやめましょう。
⑥ラーニング・センターや学級文庫、教材センターを完成させることはありません。

これから挙げる例は、本書の他の例と同じように、一般化され、概念化されているものです。あなたが受け持っている学年やクラスの状況に応じて活用してください。

3・教室全体の準備

・必要な机と椅子の数を確認しましょう。傷んだ用具は取り替え、さらに必要な用具を教室に運び入れてもらいます。必要なものは前もって依頼しておきます。自分の思い通りにならなくても、あまり角を立てないようにしましょう。依頼したタイミングがぎりぎりだったのなら、なおさらです。
・用務員の方々はとても協力的で、あなたと同じように子どものために質の高い教育を望んでいます。親密な関係になることをおすすめします。彼らの多くは有能で協力的、思いやりがあっていろいろと手助けをしてくれます。ネガティブな思考の教師が誤解しているような、恐ろしい人たちではありません。あなたが必要なものについてサポートしてくれます。

・1年のどこかのタイミングで教室の配置替えをしようと考えていても、新年度の初めは、全員が教師のほうを向くように机を並べます。そうすることで、子どもたちの注意がそれるのを防ぐことができますし、あなたにも子どもたちの様子がよく見えます。その結果、子どもたちの特徴をすぐに理解できるようになります。

・机は昔ながらの並べ方でなくても構いませんが、椅子はすべてあなたのほうを向くようにしましょう。すべての目があなたに注がれるべきです。

・子どもたちの机は、あなたの姿がよく見えるように配置します。全体に向けて話しているときも、小さなグループに指示をしているときも見えるようにします。

・人がよく通る場所には、必ずスペースを確保しましょう。ドアの前、水飲み場の近くや鉛筆を削る場所、あなたの机のまわりには子どもたちの机や椅子、教具などを置かないようにしましょう。

・特別な支援が必要な子どものために、あらかじめ教室外での場所を用意しておきます。

4・学習の場を整える

・学習の場は、あなたが教室のどこにいても子どもたち全員を把握できるように設定しましょう。
・子どもたちからあなたが見えるべきですし、よく使うホワイトボード（黒板）や掲示物、スクリーン、デモンストレーションを行う場所、展示物も見えるようにします。
・席の間はできるだけ空けておきましょう。教室の中をスムーズに移動できるようにし、最後の列の後ろも通れるようにします。
・収納場所や本棚、キャビネット、ドアの前は空けておきましょう。
・火災や地震、竜巻、台風等の自然災害が起きた際のルールを共有し、こうした緊急事態に対応できるようにしておきます。
・必要なものはすべて事前に揃えておきましょう。教科書、実験器具、メディア、カード、道具や器具などです。
・ICT機器やその他の機械類は、きちんと作動するかを事前に確認しておきましょう。
・トレーや箱、空き缶、プラスチック容器などを利用して、子どもたちが使うものを入れておきましょう。子どもたちがすぐに使えるような場所に置いておきます。

5・子どもたちが使う場所を整える

・ものが散乱して頭を抱えることはありません。子どもたちが持ち物を置く場所を、あらかじめ決めておきましょう。クリアファイル、かばん（ランドセル）、教科書、お弁当、傘、靴、発表用資料、落とし物、スケートボード、課題（宿題）などです。
・子どもたちが上着をかける場所もつくりましょう。

6・掲示スペースを整える

子どもが成長する教室では、子どもたちは自ら規律を守り、やる気と責任を持って学びます。子どもたちには、**「掲示板を見る」**習慣をつけさせましょう。掲示

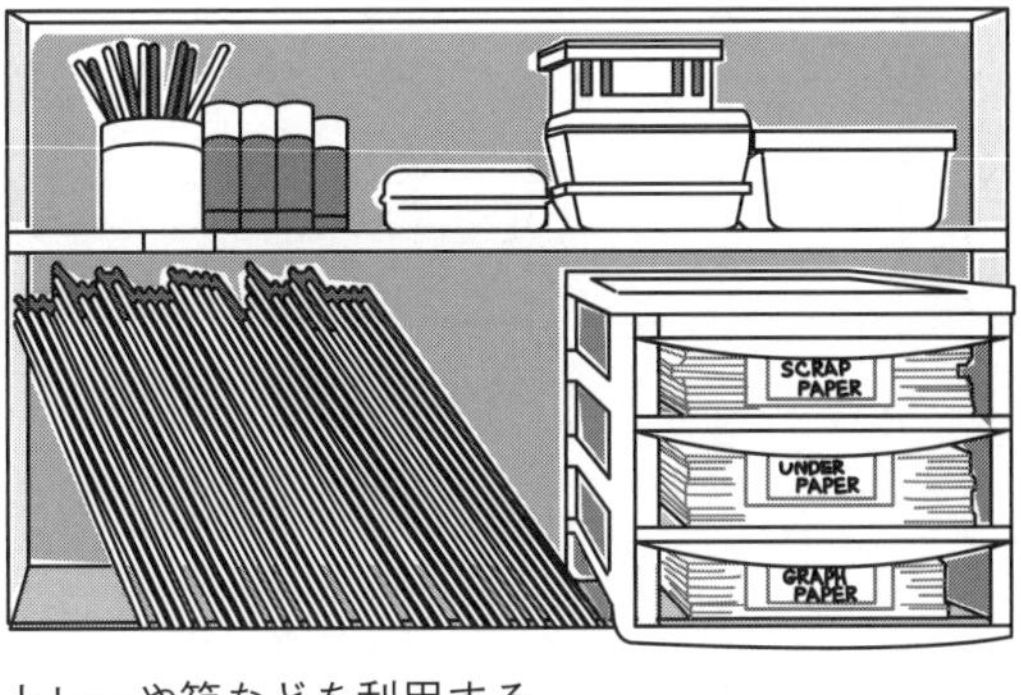

トレーや箱などを利用する

板には課題や何を、どのようにすべきかを書いておきます（Ⅴ（160ページ）、Ⅸ（216ページ）、Ⅹ（256ページ）を参照）。

・少なくとも掲示板のうち一つには大きめの色紙を貼り、そのまま空けておきましょう。この掲示板には子どもたちの絵の作品などを展示するようにします。デパートのショーウインドウのようにきれいに飾らなくて大丈夫です。

・「クラスのルール」を目立つところに貼りましょう。最初の1週間が過ぎたら場所を変えても構いません（Ⅷ（194ページ）を参照）。

・手順、役割、カレンダー、時計、緊急時の情報、地図、スケジュール、一覧表、チャート、飾り、誕生日、子どもたちの作品などを掲示します。

・1日の、あるいは1週間の課題を掲示する固定の場所を決めておきます。

・クラスで文書を作成するときの決まったフォーマットを、大きく貼り出します。

・子どもたちが受けるテストや提出する課題、作文の例などを掲示します。

・その日の、あるいは学習中の課題の要点、テーマ、スキルなどを貼り出しましょう。

7・本棚を準備する

・本棚や展示物は、子どもたちの視界をさえぎるような場所に置かないようにします。
・本棚に配置する本は、適宜入れ替えるようにし、その際、子どもたちが手にとって構わないものだけを置くように前もって確認します。
・本や他の資料を出入り口の近くに置くのは避けましょう。なくなることも考えられますし、緊急時の情報の掲示を隠してしまうかもしれません。

8・教師の居場所を整える

教師は、なるべく子どもたちの近くにいるようにします。また、頻繁に使う資料や道具もそばに置いておきます。教師と子どもが近づくときに距離があったり、すぐに資料を取れなかったり、道具を使うのに手間取ったりするようでは、時間を無駄にしてしまうからです。

子どもたちと距離が近いほど、行動面での問題はなくなります。教師がすぐに注意ができるような近い距離にいると、子どもは決められた責任ある行動を取るようになります。教師が遠くにいてすぐには近くに移動できないと、子どもは作業を中断し、他の子の邪魔をするようになります。なるべく距離を縮めて、問題行動をなくしていきましょう。

「規律の問題は、教師と子どもの距離に比例する」

・教師の机、ファイルボックスなどは子どもたちの通行の妨げにならないようにします。子どもたちとあなたの間に壁をつくらないようにしましょう。机の位置は、すぐに子どもに手を貸したり、注意したりすることができるようなところがいいでしょう。
・あなたが座っているときでも、子どもと作業をしているときでも、クラス全体を見渡せるような場所に教師の机を配置します。
・教師の机はドアから遠い位置がベストです。誰かがあなたの机に置いてあるものを取って、そのまま出ていくような事態を避けられます。
・クラスの手順と決まったやり方を指導する際に、机の上や引き出しにしまっている物は、教師の物であるということをはっきりと子どもたちに伝えましょう。

9・教材を準備する

・子どもたちに、家から持参する必要があるものを示したプリントを準備します。翌日、子どもたちが教室に入ったら、家から持参してきたものをどこに置けばよいかをわかるようにしておきます。

・子どもが迷わず自分の席に着席できるように、準備しておきます。机の上に、それぞれの子どもの名前を書いたカードを置くのも一つの方法です。あるいはスライドやパワーポイントなどで座席表を作成し、わかりやすく示す方法も考えられます。

・新年度の最初の1週間に向けて、必要なものを準備しておきます。教科書、紙、鉛筆、定規、糊、チョーク、フェルト・ペン、ステープラー、テープ、クリップボード、文具、積み木、校庭で遊ぶ道具やコンピュータのソフトウェアなどです。合図に使おうと考えているなら、ベルやタイマーも用意しておきましょう。

・クラスで使うものはしっかりと片付けます。コピー用紙の空き箱、かご、空き缶、牛乳パック、靴箱などを活用するとよいでしょう。容器にはラベルを貼り、それぞれに、中身のリストも入れておくようにします。

・あまり使う機会のないものは、邪魔にならない場所に保管しましょう。ただし、必要なときにはすぐに取り出せるようにしておきます。
・ＩＣＴ機器等はコンセントの近くに置き、子どもがコードにつまずかないようにしましょう。延長コードやアダプターも用意しておきます。
・指導計画は、わかりやすいよう整理しておきます。余った学習カードなどは、たとえば、休んでいた子どもや個別指導が必要な子どもにすぐ渡せるよう、必ず保管しておきます。

10・最後に、あなた自身を準備しましょう

・かばん、ハンドバッグ、鍵などの貴重品は安全な場所に保管しましょう。
・非常用のものを用意しておきましょう。ティッシュや除菌クリーナー、除菌ジェル、ふきん、ペーパータオル、石鹸、救急箱、予備のランチ代などです。ただし、これはあなた自身のためで、子ども用ではありません。
・クラスで使うすべての教科書について、教師用指導書を確保します。
・学校の日常業務で使う用紙を確保しておきます。学習プリントの他、遅刻届や授業中に

廊下に出てもいいという許可証、紹介状などです。必要なときにすぐに取り出せる場所に保管しておきましょう。

成果を上げる教師になるためには、**「準備」**が大切です。そのような教師は、子どもの学びを最大限に引き出し、問題行動を最小限におさえます。

成果を上げる教師は…

1　念には念を入れて、用意周到に準備する
2　子どもが成長できる教室になるよう、準備する
3　子どもとの距離はできるだけ近くする
4　安全で秩序あるクラスの環境を整える

Ⅲ　子どもに自己紹介をする

THE KEY IDEA

正しくても間違っていても、的を射ていてもそうでなくても、
あなたの評判は一人歩きをする

1・あなたの評判は一人歩きをする

「学級開きの日にどのように自己紹介をするかで、その後1年間、子どもたちの尊敬を得られるか、成功できるかどうかが決まる」

人に評判はつきものです。感じがいい、優しい、正直、勤勉、頼りになると思われている人もいれば、誠意がない、意地悪、傲慢、怠け者、信頼できないと思われている人もい

ます。

企業にも評判があります。サービスがひどい、品質が悪い、製品のアフターサービスがない、などと言われる企業があります。一方で信頼され続けている企業もあります。

IBM、コカ・コーラ、レクサス、ホールマーク、ノードストローム、ヒューレット・パッカードなどはよいイメージを保ち、売上を伸ばしています。人は信頼できる企業からモノを買うことを、彼らはわかっています。購入行動においては、イメージが先行するのです。

あなたの思いとは関係なく、評判は先行します。その子どもたちの尊敬を得られるかどうかは、子どもたちと顔を合わせる前に、すでに評判で左右されているかもしれないのです。評判がよければ、子どもたちは高い期待を持ってクラスに来るので、あなたも指導しやすいでしょう。**まずはよい評判を獲得することから、すべては始まります。**

○よい評判があれば、あなたには次々と扉が開かれます。まず、人があなたのまわりに集まってきます。正直で誠実なところ、親しみやすさを見せましょう。子どもたちの会話にも、こうした好ましい特徴は反映されます。

×　もし評判がよくなければ、子どもたちはあまり期待せずにクラスに来るため、あなたにとって不利になってしまいます。子どもたちのおしゃべりは、あなたを引き裂く電動のこぎりの音のように聞こえるでしょう。

子どもたちや保護者があなたのことを話題にするのは、避けられません。用務員や同僚もあなたのことを話題にするでしょう。

じつは、応援され、好まれるのは**成功しそうな人**です。保護者は、我が子には評判のよい教師のクラスに入ってほしいと考えています。評判のよくない教師は、クラス分けのときに、後回しにされることがあるのです。

もし、子どもたちがあなたのクラスに入りたいと思ってくれるようであれば、新学期、子どもたちはあなたのクラスにうきうきして入ってくるでしょうし、問題が起こることもまれになります。加えて、教師として幸せな時間を過ごすことができます。「自分の担任になってほしくない」と思われてしまうのであれば、教師である意味がないのです。

ポジティブなイメージを保ち、自分の評判を守りましょう。失うものは何もなく、得をすることばかりです。

2・学校が始まる前に歓迎の気持ちを示す

成果を上げる教師が行っている歓迎の気持ちを表すテクニックを、いくつか紹介します。ご自身の状況に合わせて応用し、活用してみてください。

①新年度が始まる前に保護者に手紙を送る

・保護者に、「お子さんをクラスに迎えるのが楽しみだ」と伝えます。
・学校のオープン・ハウス（学校公開）の日は、予定を空けてもらうよう依頼します。出席してもらうことが、どうして大切なのかにも触れましょう。宿題、評価、規律、クラス内のルール・手順について話すためです。
・子どもに準備しておいてほしいものがあれば、その情報も伝えておきます。

②新年度が始まる前に子どもに手紙を送る

・学校が始まる前に、子どもたちともつながりを持ちましょう。歓迎のポストカードを送ったり、保護者の方にメールを送ったりするのもいいでしょう。

・子どもに、自分がどういう人かを知らせます。
・質問があれば電話やメールで連絡してもらうよう、案内を出します。
・必要なもののリストを準備する手助けをしましょう。あなたが準備できていれば、子どもたちも準備ができます。突然知らせ、驚かせるようなことはしないことです。
・あなたが子どもたちに何を期待しているかを伝えましょう。

③新年度が始まる前に、子どもの家庭を訪問する（事前に、適切かどうかの確認が必要）
・自己紹介をします。
・前述した手紙を持参します。
・保護者に、どういう協力をしてもらえるか話します。

3・この教室で合ってる？

ダグラス・ブルックスによると、始業日において子どもが一番知りたいことは、**「この教室で合ってる？」**だということです[26]。子どもにとって、正しい教室を探し当てられるかどうかは、ものすごく不安なことなのです。教室に入り、15分くらい経ってから「クラスを間違えていた」と気づくほど恥ずかしいことはありません。

ウォン先生へ、
先生の研修プログラムを受けて帰宅し、13歳の息子に質問してみました。「始業日で、心配なことは何かな？」
息子は少し考えてから、こう言いました。「二つあるよ。一つは先生が僕の名前を間違えて発音すること。それからもう一つは、違う教室に入っていっちゃうこと」
テキサス州、ガーランドの教師

4・初日に子どもを迎える方法

握手できるように手を差し出して、笑顔で教室の前に立ちましょう――毎日です。仲間同士の集まりや、誰かを歓迎するときと同じです。航空会社やレストラン、自動車販売会社などの担当者も同じことをしています。成果を上げる教師は、誰にとってもわかりやすいことをします。もしかしたら、学校で教室の前に笑顔で立っているのはあなただけかもしれませんが、他の人が正しくてあなたが間違っているのでしょうか？　もちろんそんなことはありません。こうすることで、あなたの仕事の成果は一層上がるのです。
次に学級開きにおいて、多くの教師が実践しているテクニックを紹介します。

STEP 1 教室のドアの横に、次の情報を貼り出しておきます。

・あなたの名前
・教室の番号
・授業のコマ数（必要な場合）
・学年や教科
・歓迎や挨拶の言葉

子どもは壁に貼ってある情報を見て、自分の登録用紙と照合することができます。空港の電子掲示板でフライト情報を確認する、病院のドアの前で医師の名前を確認する、映画の情報や時間、劇場のチケット売り場で値段を確認するのと変わりません。

STEP 2 学級開きの日にドアのところに立ちます。握手をするために手を差し出し、笑顔で、「会うのが楽しみで仕方がなかった」という雰囲気を出します。

STEP 3 子どもが教室のドアの前で、あなたが自分の教師なのか、ここが正しい教室なのか迷っていそうなときには、歓迎の言葉をかけ、次の情報を伝えましょう。

・あなたの名前
・教室の番号
・授業のコマ数（必要な場合）
・他の適切な情報。席順など

STEP 4 子ども一人ひとりの登録用紙を確認します。もし、子どもが間違った教室に来ていたり迷子になったりしているようだったら、その子に正しい教室を教えてあげるか、誰か教えてあげられる人を見つけましょう。

STEP 5 あなたが挨拶をしたら、子どもは教室に入っていきます。教室内にはドアの横に貼り出したものと同じ情報を掲示しておきます。

子どもたちは同じ情報を3回確認することになるので、今後、教室を間違えることはなくなるでしょう。子どもたちの不安や反発するような姿勢も軽減されていきます。そして、歓迎されていることを感じ、安心するのです。

子どもを変えるために、誠意ある年度初めにする意図はおわかりいただけたと思います。どこかに用事で出かけたり、約束があって出向いたりするときに、所在地やビル、オフィスの場所がよくわからなかったことはないでしょうか？　いらいらするものですよね。それを未然に防ぐことが大切です。子どもたちを歓迎し、彼らが時間通りに決められた場所に行けるよう、できる限りのことをしましょう。

5・座席表と最初の課題

座席は事前に決めておき、ドアのところで子どもにそれを伝えましょう。教室で子どもたちが席についてから、あらためて座席を移動させるのはやめましょう。子どもは、「どうして動かなくてはならないのか」「友達同士で近くに座りたい」などと言い出します。

■子どもが自分の席を見つけられるように
- 机の上に名前入りのカードを置いておく。
- スクリーンに座席表を表示させる。

・ドアのところで出迎えるときに、「B5」「A8」「C3」など、文字と数字の組み合わせが書かれたカードを渡し、座席表を見て席を確認するように言う。ただし、この方法が難しすぎる場合は、採用しないこと。始業のチャイムが鳴るときには、子どもたちが混乱してうろうろしているのではなく、席についているようにする。

子どもたちが決められた席につくとき、机の上（もしくは掲示板）に最初にすべきことが書かれていることを伝えます。すぐに始めるよう、指示しましょう。子どもたちが最初にすべきことは、短く興味をひくようなもので、簡単に達成できるものにします。子どもたち全員が成功できるようにすることがポイントです。簡単な情報を埋めるような、採点を必要としないものがいいでしょう。

次の四つができていれば、すばらしいスタートを切ることができます。

1　教室は準備ができている。
2　あなたがドアのところで出迎える。
3　座席はあらかじめ決まっている。
4　最初の課題が準備できている。

大切なことは、クラスを運営する教師としてあなたが有能で、しっかりしているということを、子どもたちに印象付けることです。**学級開きでの第一印象が、その後1年間、あなたが尊敬され、成功できるかを左右します。**

6・教室に入るとき

教室に入るとき、**子どもたちを教室の外に並ばせてもいいでしょう。**子どもたちを歓迎すると同時に、教室への入り方を教える理想的な方法だと思います。
手順や決まったやり方を指導するのは、学級開きの日に、子どもたちをドアのところで迎えた瞬間から始めましょう。

ルールを守らないで教室に入った子どもがいたら、ドアのところまで戻ってやり直すよう、指導します。このとき、ドアのところまでは戻しますが、ドアの外には出さないようにしましょう。最初から誰かを「教室から出す」ことはしないようにします。「教室から出す」のはネガティブで名誉を傷付ける印象を与えます。

また、次のようなあいまいな指示も避けましょう。

「もう一度、正しく入ってきてね」
「この教室には紳士・淑女のように入るのよ」
「きちんと入ってくるんだ。わかったな？」

そうではなく、穏やかに、かつ毅然と、次のようにします。

1　子どもにドアのところに戻るよう指示する。
2　理由を説明する。
3　正しい教室の入り方を指示する。
4　理解したか確認する。
5　理解したことを感謝する。

具体例

トッド、ドアまで戻ってきてもらえる？　悪いけど、私たちのクラスでは、教室にはそういう入り方はしないの。大きな声を出して、自分の席につかずにアンを押したでしょう。

この教室に入るときは、静かに歩いてまっすぐ自分の席について、貼り出してある課題にすぐに取りかかること。何か質問はある？

ありがとう、トッド。じゃあ、きちんと席につくのをやってみせてね。

繰り返しになりますが、「子どもの名前」「〜してもらえる？」「ありがとう」と言うことの大切さを忘れないようにしましょう。教師は落ち着いた、穏やかな態度と声を保つようにします。おおらかに微笑みますが、同時に毅然とした姿勢は崩しません。うろたえたり、怒ったりはしていないということを、声の調子で表します。子どもたちに求めているものをはっきりと示し、それを伝えることだけに専念するのです。

「後で対処すればいい」と考えるのはよくありません。たとえば、教室に不適切な入り方をした子どもを見過ごすなどです。成果を上げる教師は、不適切な行動について、日を改めて後から注意をするのは、その場で注意するよりもずっと難しいことを知っています。

教師によっては、大声で怒鳴ってしまいます。そして、子どもに求めるものや基準を持たず、問題行動は自然と治るものと考えます。子どもたちに手順通りに教室に入るよう指導することで、あなたのクラスでしてよいことと、してはいけないことがはっきりしているということを示しているのです。

教室に入る正しい手順については、事あるごとに伝えることが大切です。子どもたちが自然とできるようになるまで、繰り返します。きちんとできた子どもを褒め、毎日続けるよう勇気づけましょう。ここでの内容は、あなたが自己紹介を終えてから実践します。

7・大事な最初の言葉

学級開きで最初に伝えるべきことは二つです。**「あなたの名前」**と、**「何を期待しているか」**です。名前を言うだけではなく、正しい発音も伝えます。そうすれば子どもたちは、あなたのことをきちんと呼ぶことができるようになります。

子どもたちは、あなたがどういう人なのか興味を持っています。「きちんと向き合ってくれるだろうか」と考えています。あなたのクラスに入ったことで子どもが、何かしら不安を感じているとしたら、すぐに解消することが重要です。それには微笑み、思いやりのある雰囲気を醸し出し、前向きな期待を語ることが大切です。

ある教師の歓迎の言葉

ようこそ、新しいクラスへ。私の名前はミスター・ウォンです。W—O—N—Gという綴りで発音は「ウォン」です。ウォン先生と呼んでくださいね。ありがとう。1年間みんなを受け持つのを、楽しみにしています。安心してください。

私は、もうすでに30年間も先生をしています。日頃からワークショップ、研究会、大学の授業、セミナーなどに参加しています。教える技術を、常に磨いています。本を読み、先生同士でいろいろな活動もしています。教えるのは楽しいですし、何よりも大切なことですが、教えることが大好きなのです！　教えるのは楽しいですし、教師の仕事に誇りを持っています。ですから、何も心配することはありません。安心して私に任せてください。

今年は、あなたの人生の中で一番の学びを体験できるはずです。このクラスはきちんと運営されますし、ここにいる間、みなさんは大切にされていると感じるはずです。一緒に教科を勉強するだけではなく、生きていく上で役に立つことや、みなさんがこれから成功し続けるための秘訣を伝えていきたいと思っています。25年後にショッピング・モールで偶然会ったら、みなさんはきっとこう言うでしょう。「ウォン先生の言う通りでした。学校生活の中で、あのときが一番思い出深く、ワクワクして楽しいクラスでした」。ようこそ！　私のクラスへ！

8・学級開きのための筋書き

学級開きに当たっては、あなたはおそらく子どもたちと同じくらい不安でしょう。**成果を上げる教師は、学級開きですべきことを、書いてまとめておきます。**この大切な日のために教室を整えたり自分の仕事の準備を進めたりするとともに、学級開きをあなたと過ごす子どもたちのための準備もしているのです。子どもは、不安と期待を同じくらい抱えて学校にやってきます。歓迎に満ちた教室に入れば、子どもたちの期待は高まります（そして、あなたの緊張もほぐれます！）。準備万端の授業で、子どもたちの不安は解消されます。学級開きについて要約するならば、**「子どもたちはあなたのことを、そして、何をするかをわかっている」**ととらえることができます。

テキサス州の教師、メリッサ・ブーンハンドは、新任教師として小学校を受け持つことになったとき、やるべきことを書いてまとめました。何を着ていくか、服装も詳細に書きとめ、どこに立つか、何を言うか、教室はどういうふうに整えるか、子どもたちの行動もすべて書きました。準備万端でした。その結果、子どもたちも、準備ができるようになりました。今ではメリッサは、有能な教師の指導者として活躍しています。

ワシントン州の中学校教師、サーシャ・マイクの学校の教頭は、彼女は1週間ももたないだろうと考えていました。ひどい話ですが、期待していなかったのです。今では、同僚みんなが彼女はすばらしい教師だと考えています。

イリノイ州のジョン・T・シュミットは、有能な教師です。ホームウッド・フロスムーア高等学校区では、ジョンを新任教師のための導入プログラムで模範教師として採用しているほどです。教師の経験は2年しかないにもかかわらずです！

子どもたちは、教師が自分に何を期待しているかをわかっているとよく学びます。

9・教室は、あなたを表すところ

・スケジュールにルール、手順、カレンダー、そして「歓迎」を準備しておきます。

・子どもたちが教室に入る前に、課題を貼り出しておきます。一貫性を持たせるため、場所を決めて毎日同じところに掲示しましょう。

・学級開きのための筋書きをまとめておきます。

子どもたちは、教室で何が求められているのかを把握します。あなたがきちんとしていて、一番大事なことに向けて準備ができていることを知って安心します。一番大事なこと、**それは、自分たちの成功です！**

成果を上げる教師は…

1　いい評判を育む
2　学校が始まる前に保護者や子どもと連絡を取る
3　前向きな期待を持って子どもたちを迎える
4　座席表と最初の課題を準備している

Ⅳ どのように席順を決め、発表するか

THE KEY IDEA　あなたが求めることを子どもたちが達成できるよう、席を配置すること

1・クラスでの最初の指示

「あなたの最初に指示にどう反応するかが、その後1年間、子どもたちがあなたの指示にどう反応するかの目安になる」

子どもたちに素直に言うことを聞いてもらうようになるには、最初の指示が大切です。あなたが子どもたちに向けて最初に指示するのは、おそらく座る場所についてでしょう。

子どもの反応は、次の二つのどちらかではないでしょうか。

1　素直にすぐに指示に従う。
2　ぶつぶつ文句を言い、反発する。それが1年間続く。

そうです。1年間です！　理由はこれから説明します。

2・最初の指示をうまく出す

■教室に入る子どもを出迎える

何よりも効果的なテクニックは、子どもたちを教室のドアのところで出迎えることです。あるいは教室の外に並んでもらい、順番に歓迎と指示を受けられるようにします。

■成果を上げる教師は

・子どもたちが到着したときには、教室、あるいはドアのところにいる。
・子どもたちが教室に入るときに、座席を指定している。
・それぞれの子どもの机の上に課題を置いている。

学校や図書室、職員室、教室に入ったときに、どういう対応を受けるかで、子どもたちは自分が歓迎されているかどうかを感じ取ります。

教師はドアの前に立ち、にこやかに握手をするために手を差し出します。そして、教室の中に入るよう伝えます。子ども一人ひとりが、あたたかい安心できる笑顔で迎えられます。教室のドアのまわりには、歓迎のマットやレッドカーペットが敷かれています。これらは、子どもたちに好ましいメッセージとして伝わります。

人が人を歓迎します。 教科書や黒板、講義、学習プリント、テストなどが子どもたちを歓迎するのではありません。教師やスクールバスの運転手、給食の調理員、職員、事務員、アシスタント、用務員、指導教官などが、子どもたちがすばらしい学校生活を送れるように歓迎するのです。

教室に入ると、子どもたちは快適な空間を見いだします。あなたの名前、教室番号、教科（時間割）、クラスの名前が黒板に書いてあります。座席の指示（指定してあっても、自由でも）を、もう一度確認できます。最初の課題はそれぞれの机の上に置かれているか、全員が見える場所に貼り出してあります。指示は明確で、席についたらすぐに取りかかれるようにしてあります。あなたが発しているメッセージは、この教室は安全で前向きな、学習に集中できる場所で、ここでの時間はすべて成功と学びのために使われるということです。

クラスで様々なことがうまくできるように促されると、子どもは自分が歓迎されている、認められている、気にかけてもらっている、必要とされていると感じ取ります。そして、**自分が必要とされていると感じると、子どもはあなたの言うことを聞いて指示を守ろうとします。**

■子どもを変える最初の指示

STEP 1 ドアのところで子どもの登録用紙を確認する。

STEP 2 親しみやすい笑顔で迎える。

STEP 3 子ども一人ひとりの目を見て、歓迎の言葉をかけて認識する。「こんにちは。どうぞ中に入ってね」「会えてうれしいよ」などが歓迎の言葉の例です。

STEP 4 声は低めの、しっかりした優しいトーンにしましょう。ゆっくりと話し、席は自由か、あらかじめ決まっているかを伝えます（153ページ参照）。

STEP 5 続いて、「席についたら、机の上に課題が置いてあります（あるいは壁に貼ってあります）。楽しい課題だと思います。すぐに始めてください。ありがとう」（165ページ参照）と言います。

3・最初の指示で失敗する

■成果を上げられない教師は

・子どもが到着したときに、どこにも姿が見えない。
・子どもたちが席についてから、全員を立たせて席を変更させる。
・授業を始める前に行うべき事務手続きについて、ぶつぶつ文句を言う。

子どもたちが教室に入ってきたときに、教師がいないと想像してみてください。席に座る子どももいるでしょうし、うろうろと歩きまわる子どももいるでしょう。そして、みんながこう言うはずです。「先生はどこ？　この教室で合ってるの？」。その後、互いに言い合います。「わからないね」。

始業のチャイムが鳴り、突然教師が姿を現します。角を曲がったところにある職員室からやってきたのです。地下牢から、モンスターが登場するような感じです。こうした教師は、あとを絶ちません。そして、こうした教師は概して教職員ラウンジにいることが多く、コーヒーを飲み、煙草を吸っています。学級開きを迎える前から、何年も言い続けてきた不平不満をこぼしています。

彼らは急いで教室に向かい、チャイムと同時に駆け込みます。子どもたちは、その怖そうな表情を一斉に読み取ります。教師は自己紹介をせず、クラスのルールや教科についても触れないかもしれません。鬼軍曹のように子どもの前に立ち、こう言います。「名前を呼んだら、登録用紙を持って前に来ること。サインするから」。

全員の登録を終えると、教師は顔を上げて名前を呼ばれなかった人はいないか聞きます。一人の子どもの手が上がります。その子どもが教室を間違えていたことがわかると、教師は正しい教室を教えます。子どもが教室から出るとき、クラス全員の目がその子に注がれます。そして子どもたちの頭には、二つの思いが浮かびます。「教室を間違えるなんて、なんてまぬけなんだろう」と「うらやましい！　こんな先生のクラスで1年間も我慢しなくていいとは、なんて運がいいんだろう」です。

子どもが恥をかいてしまったのは、教師の準備不足が原因で、歓迎の意を示さなかったからです。そして、教師に冷たい態度で迎えられた子どもたちは、1年間の学習によくない影響を受けることになるのです。

■成果を上げられない教師の最初の指示

1　子どもたちが教室に来たときにその場にいない。
2　子どもたちが教室に入る前に登録用紙を確認しない。
3　名前、教室番号、教科や学年、クラスを言わない。
4　子どもたちを歓迎しない。
5　子どもたちが席についてから、全員を立たせて席を変えさせる。
6　事務仕事をしなければならないことに、文句を言う。
7　課題を準備しておかず、全員の登録が済むまで、子どもたちはすることがない。

4・座席の配置か座席の割り当てか

座席は教師が決めるべきか、子どもたちの自由にさせるべきか、どちらがよいのでしょうか？　この質問をするのは、あなたが子どもたちに何をしてほしいかを決めてからです。誰がどこに座るかを決める前に、まずは席をどのように配置するかを、決めなくてはなりません。**優先順位が高いのは、座席の配置です。**

教師は、まずは子どもたちに何を達成してもらいたいかをはっきりさせます。それから課題が最も達成しやすく、問題行動が発生しにくいように、机を並べ替えます。座席の配置が済んだら、子どもたちを席につかせましょう。

5・コミュニケーションのための座席配置

座席の配置は、ワクワクするようなテーマではないかもしれませんが、実は授業の成果を大きく左右することがあります。**座席を配置する目的は、コミュニケーションです。**

・成果を上げる教師は、1年を通じて子どもたちを巻き込む様々な活動を計画します。
・座席の配置も、様々に変化させます。
・一番良いのは、コミュニケーションが取りやすい座席の配置です。

教師と子どもたちは対話をしていますか？　子どもたち同士は対話をしていますか？　子どもたちは相手に向かって、何かを伝えているのでしょうか？　子どもたちは、コンピュータに向かっていますか？　子どもたちは、遠隔教育の教師と対話していますか？

クリス・ベネットは、演劇を教えています。彼の教室は講堂で、座席は列に並び、床に固定されています。クリスは子どもたちと対話し、子どもたち同士も対話をします。そして、ステージにいる子どもたちとも同じように対話します。並んだ列に座ると、観客席にいる人の感覚が、よくつかめます。

ラ・モイネ・モッツは、高校の科学の教師です。彼のクラスは実験が中心の授業のため、座席は実験に合うように配置されています。子どもたちは、少人数の「実験グループ」に分かれて活動します。この座席の配置は、学年や教科を問わず、子どもたちが小グループに分かれて活動するときにいつでも使われます。

トニー・トリンゲールは、小学5年生の教師です。社会科の時間には、「馬蹄」の形に席を配置するのが議論しやすく、自分の授業の進め方に合っていると感じています。まず彼が話をし、それから子どもたちにどんどん議論してもらいます。この座席の配置だと、子どもたちから教師の顔が見えますし、子どもたち同士も互いによく見合います。

アンジェリカ・ガルシアは、パフォーミング・アーツ（舞台芸術）を教えています。音楽の時間において、クラスの中で年下の子どもたちは彼女のほうを向いて床に座ります。床には座る場所に「x」の目印がつけてあります。クラスの中で年上の子どもたちは、彼女のほうを向いて台の上に並んで立ちます。

ロビン・バーラクは、未就学児の特別支援教育を担当しています。中には重い障害を持った子どももいますが、全体の活動の時間には、みんなで床のマットの上に半円を描いて座ることにしています。彼女のほうを向いて、毎日決まった場所に座ります。

スティーヴ・ガイマンは、体育の教師です。見物席以外の座席はありません。子どもたちは列をつくることもあれば、コーチのまわりに丸く集まることもあり、演習のためにそれぞれ違う方向を向いた列になることもあります。

6・座席の配置

授業での課題を達成するために座席の配置を決めるとき、以下の質問を順番にしてみましょう。

座席の配置	座席の割り当て
あなたが計画している課題と合うように座席を配置する	座席を指定するときは、学びが最大限に、問題行動が最小限になるようにする。
例	**例**
・出欠の登録を済ませ、必要な手順を伝える ・協力し合う学び ・講義を聞く ・座って物語を聞く ・クラスで議論や交流をする ・小グループでの活動 ・テストを受ける ・個人での調べ物や勉強	・年齢順 ・身長順 ・アルファベット順 ・グループ指導 ・ペアになって問題を解く ・学びが遅れている子どもたちを、教室の前の列に座らせる

①私は何がしたいのか？

私は物語を聞かせたいのだろうか。小グループでの活動をしたいのか。規律・手順や決まったやり方の指導、講義、ビデオを見せる、合唱、運動、あるいは自主学習だろうか。

②どういう座席配置が考えられるだろうか？

教室の大きさや形、机や椅子を考慮します。

③どの座席配置にするべきだろうか？

様々な課題をうまく達成するためには、座席配置も変える必要があります。子どもたちには、達成すべきことが行いやすい席に座ってもらうことが大切です。

1年を通じて、どんな状況にも対応できる座席の並びというものはありません。あなたが必要だと思えば、その都度配置を変えましょう。

子どもたち自身が、クラスのきまりについて知るには、全員の顔があなたのほうを向いていなければなりません。ルールや手順、決まったやり方を指導するときには、子どもたちの半数があなたに背中を向けているような円形の配置では効果がありません。規律のルール、手順や決まったやり方については3・Ⅷから3・Ⅹで説明しています。こうした指導のときは、椅子が前を向いて列になっているとよいでしょう。

■子どもたちがあなたに背を向けているときの問題点

①規律のルールを教えているときに、小グループに分かれていると、子どもたちは互いに顔を見合わせ、目をぐるりとまわして天井を見ているかもしれません。このような状況では、ルールの効力は失われます。

②手順の説明をしているときに、子どもたちの半数が向きを変えて内容を書きとめ、その後、また向きを変えなくてはなりません。そうなるとあなたが、指導の手順を守っていないことになります。

③別の手順を説明したときに、背を向けている半数の子どもたちが理解しているかを確認することができません。実践しているところが見えないからです。「子どもたちが学んでいるか確認する」というやり方をあなたは守らなかったことになります。

7・座席の割り当て

成果を上げる教師は、学級開き前に座席を決めています。学級開きの日に子どもが自分の席を見つけるのが、イライラする宝探しのようになってはいけません。すぐに席がわかるようにしておきます。座席決めは、クラスで話し合うようなことでもありません。教師であるあなたが決めるべきことです。教室の教材教具の配置を換えたり、席替えしたりする場合も、同様の態度でのぞみましょう。

あなたが子どもたちの座席を決めたほうが、成長できるクラスになるでしょう。グループ学習のときは、グループのメンバーをあなたが指定した上で、決められた場所に移動させます。仮にあなたがディナー・パーティーを開いたとして、招待客に「引き出しからナイフやフォークを自分で出して、好きな席に座ってください」とは言いません。きちんとしたおもてなしをするなら、あらかじめ決めてある席に案内します。

飛行機でも、劇場でも、レストランでも、あなたを座席に案内してくれるはずです。教室でも同じことをしましょう。あなたは教師で、案内人で、みんなをまとめる人です。

■座席表をつくる理由

1 出欠を確認しやすい。
2 名前を覚えやすい。
3 問題のある子ども同士を離すことができる。

座席を指定することには、社会的な、あるいは行動に関する理由が伴うこともあります。特定の子ども同士を近くの席に座らせたくない場合は、離しましょう。「先生が席を指定するから、座らないで待っててね」と言います。

座席を割り当てておけば、スムーズに出欠を確認できます。出欠の確認は、子どもたちが「始業ベルの課題」に取り組んでいるときに、邪魔にならないように行います。

座席の割り当ては、ずっと変わらないものではありません。付箋紙に子どもの名前を書いて貼っておけば、後で席替えするのが楽です。座席の配置や座席の割り当てが、問題になってはいけません。**あなたが注力すべきは、子どもたちの成功と教育プログラムです。**

成果を上げる教師は…

1　取り組んでいる課題に合った座席配置にする

2　学級開きで座席を割り当てる

3　学級開きには、子どもたち全員が教師を向くようにする

V　子どもを変える授業の始め方

THE KEY IDEA　子どもが教室に入る前に、課題を準備して貼り出しておく

1・授業で最優先すべきこと

「授業が始まったとき、最も優先すべきことは子どもに作業をさせることである」

多くの百貨店では、入り口に出迎える店員を配置しています。その店員は感じよく微笑み、「買い物かごはいかがですか?」と言ってカゴを差し出します。あなたがカゴを受け取るのは、店がそうしてほしいからであり、カゴが大きいのは、店ができるだけ多くのモノを購入してほしいと思っているからです。あなたも自身も、潜在顧客として認識された

ことで気分がよくなります。

成果を上げる教師は、これと同じことをします。ドアのところで微笑んで子どもを迎え、**「これが課題だよ」**と言います。

子どもは課題を受け取り、すぐに取り掛かります。だからこうした教師と子どもたちは成功するのです。

これは夢物語ではありません。毎日、何千という教室で実際に行われていることです。子どもたちは教室に入り、席につき、課題に取り組みます。誰も言葉で指示することもしません。国によっては、一人の教師が複数の教室を巡回しています。それでも子どもたちは教室にいて、全員が何をすればいいのかわかっています。

2・毎日同じ場所に

優先すべきは、出欠をとることではありません。**子どもたちに、すぐに課題に取り組んでもらうことです。**子どもが指示を待ってうろうろし、「何をすればいいの？」という質問が出てくるようではいけません。決まった時間になったら速やかに学習が開始されるようにします。

次の三つの条件が整えば、子どもは授業が始まったらすぐに課題に取り組みます。

1　課題がある。
2　どこを見れば課題があるのか、わかっている。
3　どうして課題に取り組むのか、わかっている。

「成果を上げる授業の研究結果に基づいて、課題は毎日、掲示する」

課題は毎日、同じ場所に貼り出します。前日と課題が変わらなくても、掲示します。子どもたちが、課題が毎日同じ場所に掲示されていることに慣れれば、「課題は何ですか？」「何をすればいいんですか？」といった質問でクラスの時間が無駄になることはありません。

■課題は毎日、一貫して掲示すること
1　課題は、子どもたちが教室に入る前に掲示する。
2　課題は毎日同じ場所に掲示する。

3・今日は何するの？

成果を上げられない教師は、課題を発表するまで秘密にしておきます。発表の仕方はそのときどきで変わり、日によって違う場所に貼り出されます。

子どもが何かやりたがっていても、授業中の課題が出ない場合もあります。これは教師が何をすればいいのか把握していないか、子どもたちに学ばせることを理解していないか、教える方法がわからないかのいずれかでしょう。

課題が掲示されていないクラスはすぐにわかります。成果を上げられない教師は、次のようなことを言います。

「昨日は、どこまでやったっけ？」（言いかえると――状況を把握していない）
「教科書を開いて。順番に読んでいこう」（何のために？）

「静かに座って、プリントをやること」（何を勉強するため？）
「この映像を観よう」（何を学ぶため？）
「自習時間でいいよ」（言いかえると――君たちにやってもらう課題がない。準備不足だ）

教科書は、カリキュラムではありません。静かに何かをやらせようとプリントを配って埋めさせるのは、カリキュラムとは言えません。カリキュラムをデザインできない教師は教科書を最初から最後まで順を追って進め、子どもたちの時間を埋める作業を探します。この状態になると、子どもたちはこう言うようになります。

「ビデオを観せるの？」「本を読み聞かせるの？」「講義をするの？」「自習時間にしてくれるの？」

しまいには、こう言い出します。

「今日は何かすることあるの？」
「今日は何か大事なことするの？」

「休んでいたとき、何か大事なことあった?」

こういう発言が出てくる授業では、子どもは自分の勉強に責任を持ちません。クラスの中で教師だけが責任ある人です。だから、何が起こるのか教師に聞くのです。指示も、楽しみも、課題も先生待ちです。

4・最初が肝心

テニスの試合では、1ポイントにつき2回サーブができます。最初のサーブをどうプレーするかでポイントに大きく影響します。

編み物をするときには、最初の列をどう編むかで、全体が決まります。間違えて編み始めてしまうと、全部ほどいてやり直すことにもなりかねません。

デートでは最初にあなたが発したひと言で、次のデートがあるかどうかが決まってしまいます。

子どもたちの1日の始まりには、クラスの決まった作業をするように指示しましょう。

■朝の決めごとの例

・静かに教室に入る。
・上着を脱いで、かける。
・かばんの中身を出す。
・削ってある鉛筆を2本、教科書、資料を準備する。
・宿題をすべて提出する。
・今日やるべきことを確認する
・「始業ベル課題」をすぐに始める。

始まりの課題は黒板に書いておいてもいいですし、掲示板やスライドを使っても、子どもが教室に入るときに配るようにしてもいいでしょう。あなたが頻繁に教室を移動する教師なら、課題はスライド、あるいはノートPCやタブレットなどに準備しておき、教室に入ったらすぐに子どもたちに見せられるようにしておきましょう。

小学校1年生のクラスや体育の授業では、課題は掲示しなくても構いません。その場合、反復練習をするなど、子どもたちが何をすればいいのかわかるようにしましょう。

成果を上げる教師は、始まりの課題を様々な呼び方で表現しています。よく使われているのは次のような言葉です。

■始まりの課題の名称例

・ベル作業（ベル・リンガー）
・ベル課題（ベル・ワーク）
・すぐやる（Do Now）
・今日の話し言葉（DOL：Daily Oral Language）
・活性剤（エナージャイザー）
・始まりの活動（オープニング・アクティビティ）
・ゴールデンタイム
・スポンジ（吸収）活動
・今日の言葉（WOD：Word of the Day）

「ベル課題」は、評価の対象にはしません。 授業の冒頭で、子どもを脅すようなことは避けます。授業の始めに行う課題は「手順」の一部であり、「ルール」ではありません。ですから、結果によって罰するようなことはしません。

5・成果を上げる学校には、全校的な手順がある

ワンダ・ブラッドフォードは、カリフォルニア州、ベーカーズフィールドにあるハリス小学校の校長先生です。ワンダは『The Effective Teacher』のビデオ・シリーズから、様々な場面を学校の教師たちに見せました。その後、特に指示はしませんでしたが、教師たちは自発的に毎日「ベル課題」を取り入れるようになりました。そして、これは全校的な一貫した手順として定着しました。

ワンダは言っています。「毎日が、決まったやり方で始まります。教師それぞれが始まりの課題を用意しているので、子どもたちはすぐにその課題に取り掛かります」。そして、学校の成功を次のような詩にしました。

学校に来る子どもたち　毎日の始まりは学び
おしゃべりはなし　1日の始まりに集中

課題は日々貼り出され指示はいらない
静かにやりなさい、も言わなくていい
その間に教師は出欠を確認

毎日の決まりごとで無駄な時間はなし
クラスはうまくいき学級経営は大成功

学びの達成は研究でも立証済み
成果を上げる教師は、クラスの時間を有効に利用する人

この詩は、子どもたちの達成を表現しています。ハリス小学校の教師たちは、学級経営に決まりごとを取り入れることで、それを実現しているのです。

ベーカーズフィールドの、ハリス小学校から学びましょう。そして、もっと大切なのはあなたが教えている学校について考えることです。想像してみてください。

・子どもたちは教室に入り、席につき、すぐに学習に取り掛かります。誰も指示は出して

いません。子どもたちは課題の書いてある場所を知っています。
・子どもたちは次のクラスに行きます。席について学習を始めます。
・次のクラスでも同様です。
・その次のクラスでも
・さらに次のクラスでも
これが、学校全体で実施される習慣となります。小学3年生から小学4年生に上がっても、小学6年生から中学1年生に上がっても、高校2年生から高校3年生に上がっても、学区全体が同じやり方をします。

■考えてみてください……
・考えてみてください。**教師同士が協力してどのクラスでも決まったやり方をすれば、どんなに楽でしょう。**
・考えてみてください。**学校全体で習慣にすれば、子どもたちはどんなに多くのことを達成できるでしょう。**
・考えてみてください。**地域全体で取り組めば、学校はどんなに成果を上げられるでしょう。**

すべてを達成するのに、お金はまったくかかりません。流行りの高額なプログラムを導入することもありません。物議を醸し出すようなことでもなく、どの学年でも、どの教科でも、どういう教育観を持っていても、取り入れることができます。

大切なことは、教師が一丸となって取り組むことです。そうすることで一貫性が生まれますし、みんなが楽になります。そして何より大切なのは、指導や学習の時間が増えることで、子どもたちがより高いレベルの学びを達成できるようになることです。

成果を上げる教師は…

1　毎日課題を貼り出す
2　課題はいつでも同じ場所に掲示する
3　子どもたちに、課題が書いてある場所を教える
4　学校全体に、この方法を広めるリーダーである

VI いつ、どのように出欠を確認するか

THE KEY IDEA　出欠の確認作業をシンプルにして、指導の時間を減らさないようにする

1・成果を上げる出欠確認の効果

「成果を上げる教師は、課題で授業を始める。出欠をとることでは始めない」

カンザス州で楽隊の教師をしているベッキー・ヒューズは、出欠の確認を自分でしなくていいように工夫しています。クラスの子どもたちの名前は音符に書かれていて、チャートのようにマジックテープで貼ってあります。子どもは教室に入ると、やるべきことをわ

かっています。自分の名前の音符をはがして、チャートの横にある袋に入れるのです。指名されている子が、ピアノで「ド」の音を出し、子どもたちは席について楽器を調律します。チャイムが鳴るとベッキーは指揮棒を振り上げ、鳴り終わると下げます。そして、子どもたちの演奏が始まります。席につくよう、声を張り上げることはありません。にこやかに子どもたちの前に立つと、子どもたちは元気よく学校の応援歌を演奏します。

その間、係の子どもがチャートに残っている音符を確認し、出欠記録を教師に代わって提出します。

ネバダ州の教師、ハイジ・オリーブは授業開始後の5分が重要なことを知っています。その5分を予習か復習の時間に充てていて、それに基づいた課題を掲示しています。内容は様々です。本の引用や新聞記事を読んで感想を書く、年表を書き写す、音楽を聴き、どんな感情が湧き起こったかブレインストーミングする、宿題に出ていた読書に関する問題を解く、などです。**どんな課題であっても、目的は一つで、教室に入るとすぐに子どもたちに作業に取り掛からせることです。**その間、彼女自身は出席を確認するなどの事務仕事ができます。課題は、その日の授業の導入にもなります。

授業をどう始めるかによって、子どもがその日の学習に熱心に取り組むかが変わってきます。たとえるなら、映画の始まりのようなものです。最初に観客を惹きつけ、最後まで席を立たずに観るようにするのです。授業の始めにこうした活動の時間がないと、子どもたちは席につかず、ただ授業が始まるのを待つことになります。

時間通りに始めるのは、一般社会では当たり前のことです。レストランは時間通りに開店します。結婚式、会議、スポーツの試合、テレビの番組はすべて予定の時刻になったら始まります。少なくとも「始まる」ということにおいては、学校の授業も同じことです。

2・不思議な出席の感覚

ナノセカンドで動いている世の中で、いまだに毎朝、あるいは授業の冒頭に出席をとっている教師がいます。5分、場合によってはそれ以上の子どもの貴重な学びの時間が失われ、誰がお休みかで子どもたちと意見が分かれることもあります。

意見が分かれる？ その通りです。子どもたちは出席に関して不思議な感覚を持っています。学校の敷地内のどこかにいれば、校舎の中にいなくても、「いる」ということになるのです。一方、教師は、席に本人が座っていなければ「欠席」とみなします。

名前を呼んで返事がなく、席も空いているので教師は「あら、アーニーは、今日はお休みね」と言い、欠席の印をつけます。すると複数の声が「許可なく」上がります。「アーニーはお休みじゃありません。今、廊下を歩いていて、もうすぐ着きます」や「図書室にいるのを見ました。すごく並んでいたんです。授業には出るはずです」などです。
教師はどうしたらいいでしょう？　子どもたちは、「アーニーは校舎にいる」と言っています。ですが教師からすると、アーニーは自分の席にいません。教師はアーニーを「欠席」とします。

もし、クラスに欠席の子どもが４人いたとしたら、同じことが４回繰り返されます。１回ごとにクラスは騒々しくなり、大切な授業時間は失われていきます。

あるいは、教師が一人ひとりの名前を呼び、子どもは「はい」と答えます。すると一人の子が**「へい」**と言います。みんなは、クスクスと笑い始めます。

次の子どもが**「ほい」**と言うと、クラスは大爆笑です。ですが教師はちらりと顔を上げただけで、黙々と出欠を取り続けます。

子どもたちは、**「教師が不適切な行動に対して何もしない」**ということをすぐに感じ取ります。子どもたちにとっては、出欠はどうでもいいことなので、クラスはどんどんうるさくなっていきます。静かにするよう、教師はイライラしながら繰り返し注意をすることになります。まだ、授業は始まってもいないのにです。

それに比べると、成果を上げる教師のクラスでは、子どもたち全員が最初にやるべきことをわかっています。**皆さん、授業の初めに出欠をとらないよう、お願いします。**

「出欠管理は、子どもがすべきことではないので、授業の時間を使わないこと」

3・成果を上げる教師の出欠確認

成果を上げる教師は、課題を提示して授業を始めます。出欠確認ではありません。こうした教師は、子どもが自主的に学習を始めるクラスづくりを心がけています。そのような中で育つ子どもたちは、次のことを理解しています。

・教室に速やかに行儀よく入ること
・自分の席につき、必要なものを揃えること
・課題が掲示してある場所
・すぐに作業を始めること

出欠の確認には、様々なやり方がありますが、**大事なことは子どもたちが学習に取り掛**

かることです。

チャイムが鳴ったら、まずはクラス全体を見ましょう。出欠を確認するためではなく、課題に取り組んでいない子どもがいないかを確認するためです。そういう子がいたら、静かに合図してすぐに取り掛かるよう指示します。笑顔で、手のジェスチャーを使ってはっきりと、学習するよう伝えましょう。

課題が貼り出してある場所はわかっているはずですし、何をすればいいかもはっきりしています。あなたは学習時間を最大限有効に使っています。

クラス全員が学習を始めたら、必要な事務をします。出欠確認もここに入るでしょう。

■授業のはじめに出欠確認をした結果…
- 子どもが大声で返事をするたびに、クラスは騒々しくなる。
- 子どもが欠席かどうかで、教師とクラスの意見が分かれる。
- 貴重な学びの時間が失われる。
- 貴重な学びの時間が、クラス全体を巻き込む必要のない事務仕事に使われている間、多くの子どもは退屈する。

4・出欠を効率よく確認する三つの方法

出欠確認には様々な方法があります。**どの方法でも、静かに速やかに行い、授業の妨げにならないようにしましょう。**

1　クラス全体を見て、座席表を確認しましょう。いない子どもに印をつけます。子どもたちは巻き込みません。子どもたちは集中して課題に取り組んでいます。

2　ドアのところに箱を置き、ファイルなど、子どもたちそれぞれに専用のものを入れておきます。教室につくと、子どもは自分のファイルを取り、席につき、掲示されている課題を始めます。子どもたちが作業を始めたら、あなたは箱を確認します。残っているファイルが3冊あったら、名前を確認してその子どもたちに欠席の印をつけます。

3　172ページのベッキー・ヒューズのやり方に似ていますが、子どもたちの名前を洗濯バサミに書く教師もいます。そして切り抜きやチャート、季節によってはハロウィンのかぼちゃやバレンタインのハートなどに挟むようにします。子どもは教室に入ると自分の名前の洗濯バサミを外して出席を表明します。子どもたちが作業を始めたら、あなたは残っている洗濯バサミを見て、欠席の子どもを確認します。子どものうち一人を指名し、適切なタイミングで洗濯バサミを元の位置に戻すようにします。

研究で、はっきりしていることがあります。すなわち、子どもたちが課題に取り組む時間が長いほど、学びと達成は高まるということです。成果を上げる教師は、子どもをすぐに課題に取り組ませる方法を知っています。そして、出欠確認は、子どもが行います。

成果を上げる教師は…

1　子どもたちのために課題を貼り出す
2　出欠を確認するときに、授業の妨げをしない
3　子どもたちが作業に取り掛かってから、欠席人数を確認する

Ⅶ 成果を上げる教務手帳

THE KEY IDEA 教務手帳は、子どもの学びの結果と進捗状況が常にわかるようにしておく

1・本当に成績を記録するもの

「きちんと管理された教務手帳を見ることで、子どもたちの学びの状況をいつでも確認できる」

子どもたちが教室に入って整列された机につき、教師の話を受け身で聞いていた時代もありました。活動と言えば、読み書きぐらいで、静かに一人で行うものでした。授業の目

的を説明されることはなく、子どもたちは学ぶ理由をよくわかっていませんでした。教師の権威に疑問を呈したり、「なんでこれを学ばないといけないんですか？」と質問したりする勇気はありませんでした。
テストは評価のタイミングで実施され、学びの進捗に合わせては行われません。教師は子どもたちに「何を学んでいるか」について説明していないので、テスト問題も恣意的です。
そして成績がつけられます。絶対的な決定権を持つ教師の裁量で、つけられるのです。得意気に「Aは一つ、Bは三つしか出さない」と宣言する教師もいました。文句を言っても仕方ないのですが、子どもたちや、親からも成績についての不満が出ました。教師には、教えるべき内容についても理解がなかったのです。それでも、「今学期中にこの範囲を終えられるだろうか」ということが、多くの教師の悩みの種でした。

教師の使命は範囲を終えることで、子どもの学びではありませんでした。

このような教育システムにおいて、教務手帳は出欠とテストの点数を記録するだけのものでした。成果を上げることができない教師は、テストの点数の平均を出して成績をつけ、教科書の決められた範囲を終えることだけに集中して、教師生活を送っていたのです。

2・どういう記録システムとするか

成果を上げる教師にとって、子どもが「何を、どれくらい達成しているか」を記録することは、子どもたちを評価し、各々が最大限に学ぶためにとても大切なことです。

「昔ながらのやり方で、紙で記録するのがいいか、それともソフトウェア・プログラムのほうがいいのだろうか？」という疑問が浮かぶかもしれません。

結論から言うと、どちらも正解です。手帳をなくすのが心配なら、電子で管理するのがいいかもしれません。ただし、ネットワークシステムやコンピューターは、故障することもありえます。最低限の情報をハードディスクで保存しておくと、安心でしょう。できる教師の多くは、ソフトウェア・プログラムを使用し、念のため教務手帳も持っています。

3・昔ながらの教務手帳

教師としての初日から、子どもの記録をつける手帳が必要になってきます。最初の授業の前に準備しなくてはいけません。大きさや形状には多くの種類があります。「**教務手帳**」

というのが正確な名称で、子どもの記録、成績の記録をつけるものです。教務手帳に記録するのは、成績だけではありません。子ども一人ひとりについて、行動の記録など様々なことを記録します。多くの手帳の書式で困るのは、子ども一人につき、1、2行しか書くスペースがないことです。

「教務手帳には、すぐに確認できる重要な情報が記録されている」

つまり、次のような問題が考えられます。

・出欠など、一つの情報を記録するスペースしかない。
・情報を追加するにはページをめくり、また名前を書き出さなくてはならない。ページをめくってばかりで煩わしい。
・クラスの子どもの数が1ページの行数より多い場合、同じ情報をページの上に書き直さなればならない。
・内申書や成績表を準備しなければならないときに、見づらい。子どもの記録をつけるのに1行しかないので、出欠、宿題、学習の様子、テストなどを全部見直して進捗状況を判断しなければならない。ひと目で進捗がわかるようになっていない。

そのため、教務手帳を買うなら、どのように成績をつけるつもりか、何を記録する予定かを、あらかじめ考えておくといいでしょう。

新年度が始まる前に、何を記録すべきかについて考えておくのが大切です。他の職業の方々も、同じことをしています。

・会計士は元帳の分類項目を設定してから、数字を入力します。
・ビジネスマンは、スプレッドシート（表計算ソフト）の列にタイトルをつけてからデータを入力します。
・統計学者は、野球のボックススコアの列に見出しをつけておきます。そうすることで、結果を正しい位置に入力できます。
・結婚式を控えた花嫁は、招待客の情報を表に整理しておきます。

「事前に何を記録すべきかについて考えておくことで、教務手帳を見れば子どもの進捗状況がすぐにわかるようになるだろう」

それぞれの子どもについて何を記録するかについては、たとえば、以下の項目が挙げられます。

・出欠
・宿題
・クラス全体の学習到達
・テストの点数
・取得したスキル

・プロジェクトの成績
・追加的な評価
・クラスへの参加度合
・教室での態度
・累積した進歩

4・基本となる三つの記録

子どもの記録をつけるには、おそらくそれぞれの子どもに3、4行は必要でしょう。一般に売られている製品には1、2行しかないものが多いため、注意しましょう。

基本となる**三つの記録**には、それぞれ1行ずつ使います

①出欠
②点数
③累計

①1行目——出欠

出欠の記録は、教師に義務づけられていることでしょう。出席しているかどうかは、明確な事実です。学校は学費を受け取り、教員は給与を支払われ、子どもは学校に通うことで評価されます。出欠の記録は、できるだけ効率よく控えめに行いましょう。一般によく使われる四つの分類は、**「出席」「欠席」「無断欠席」「遅刻」**です。

㋐出席

通常、**空白のまま**にしておきます。その日は、子どもがクラスにいたことになります。

㋑欠席（Absent）

一般に「**A**」と記録します。その日は、子どもが欠席だったことがわかります。欠席を許可する書類の提出があったら、Aの文字の上に、斜めに線を引いてもいいでしょう。これで欠席を許可する書面を確認し、連絡を受けたということがわかります。斜線が引かれていなければ、連絡を待っているということになります。

㋒無断欠席

欠席の理由が書かれた書面が提出されていない場合、**チェックマーク（✓）を記入する**か、短音記号をAの上につけておきます（Ă）。

これは子どもが保護者、医師、別の教師などからの手紙を持ってきていない場合です。学校によっては、欠席が妥当かどうかの判断は教師に委ねられています。また、別の学校によっては、出欠席担当事務室がその担当になります。

無断欠席をどう扱うかに関しては、学校の方針もあると思うので、必ず確認しましょう。たとえば、一定の日数に達したら、学校として処置をとることになっているかもしれません。良識のある学校なら、子どもが無断で授業を休んだりさぼったりしたら、すぐに家庭に連絡します。

他の教師にも、無断欠席にどう対処しているか、聞いてみましょう。**ほとんどの場合、無断で休んだ日の課題を免除されることはありません。**他の子どもたちの学習に追いつかなければならないからです。

無断で休んだ場合には、教師はその分の学習について、過度な支援はしなくてもいいかもしれません。たとえば、こういう説明が考えられます。

君は授業をさぼったね。講義を聞かなかったし、映画も観ていないし、活動もしていないから、その責任は自分でとろうね。その分の資料は、自分でなんとかするように。授業をさぼったら、そういうことになるんだよ。

㊀遅刻（Tardy）

「**T**」の文字で表すのが一般的です。子どもが遅刻理由の証明書を持っていたら、先ほど書いたAの文字を消します。証明書を持っていない場合は、その子どもは遅刻ということになります。Aを消して、Tの文字を書きましょう。あるいはAの上にそのままTと書きます。遅刻に関する学校の方針を調べ、特定の回数に達した場合には、子どもに指導を受けさせることも考えられます。

②2行目――点数

行を変えて、個別の課題の結果を記録しましょう。テスト、学習の様子、作文、プリント、宿題などです。結果の表示の仕方は、文章でも数字でも、それ以外のあなたが使っているもので構いません。ただし、それぞれの課題の重みを変えたいなら、あるいは進捗をすぐに確認したいなら、数字が便利かもしれません。

③3行目――累計

教師には、子どもの進捗状況についての質問が浴びせられます。保護者から電話がかかってきたり、カウンセル部門や本部から問い合わせが来たり、課外活動の申請書に記入する必要があったり、子ども自身から質問されたりします。**それぞれの子どもの最新の進捗状況は、いつでも確認できるようにしておかなくてはなりません。**

3行の教務手帳があれば、常に最新の進捗状況を確認でき、成績を速やかに提出することができます。他の教師が「成績を提出しようと」歯ぎしりをしている間、スポーツジムで汗を流したり、映画を観たり、ゆっくり本を読んだりすることができます。**子どもの成績と進捗が、いつでもわかる状態になっているからです。**

5・電子の成績管理プログラム

時代は変わりました。子どもの学びを評価することは、成果を上げる教師の強みとなっています。こうした教師たちはグループで集まり、サポートが必要な子どもについて話し合っています。ちょうど医師が集まって、特定の患者について最善の治療方法を話し合うような感じです。医師が患者の詳細なデータを記録しているように、それぞれの子どもについて詳細な記録をとることが、その子どもの成功へとつながります。そのためには、成績管理プログラムが便利です。あなたと同僚がアクセスできる、特定の子どもについてすぐにフィードバックを確認できるシステムです。学校、あるいは学区ですでにシステムを導入している場合もあるでしょう。

評価についてはCHAPTER 4で詳しく説明しますが、子どもの学びを達成しようとすると、ベンチマークとの比較で成績を確認しなくてはなりません。それには、ベンチマーク採点法の成績管理プログラムが必要です。

個人的に電子の成績管理プログラムの利用を検討している場合、記録するものの候補として、以下を考慮するといいでしょう。

・活動（実験、美術、テクノロジー）
・作文
・宿題
・クラス活動
・参加度合
・プロジェクト（図書室での調査、学期末レポート）
・パフォーマンス記録（歌唱、暗唱、ダンス）
・豊かな活動に対するボーナス・ポイント
・ベンチマークとの比較の点数

電子の成績管理プログラムに必要なのは、

1　使い勝手がよく、入力もしやすいこと。

2　データ操作がシンプルで、子どもの学びに役立つこと。
3　すぐに正確な成績をクラス全体と子ども一人ひとりについて確認でき、現在の授業の進捗状況もわかること。
4　家からでもオンライン・レポーティングを利用できること。
5　ネットワーク化された教室なら、どのコンピュータともつながっていること。
6　個人指導と集団指導との切り替えが簡単なこと。

優れた成績管理プログラムを使えば、子どもの苦手なところを分析し、それに合わせた適切な指導をすることができます。

また教師、子どもたち、保護者が記録や成績、課題などにアクセスできるようになり、クラス以外の場でコミュニケーションをとれるようになります。

もちろん、ソフトウェアには厳重なセキュリティー管理が必要ですし、招待された人以外はアクセスできないようにしなければなりません。多くの学校では、成績管理プログラムを使って保護者が家で子どもの点数や出欠を確認できるようにしています。

子どもたちにも、オンラインの成績管理システムは好評です。視覚的なもののほうがわかりやく、覚えやすいようです。

子どもは自分がクラスでどんな状況なのか、知りたがるものです。

子どもたちは自分の記録を一人で見るほうが、反応がよく、問題にもよく対処する傾向にあります。教室できまり悪い思いをするよりも、オンラインで感想や反省を投稿するほうがいいのでしょう。

成果を上げる教師は…

1　何を記録すればよいのかがわかる
2　教務手帳を必要に応じて改良し、記録している
3　子どもの最新の進捗状況を把握している
4　評価と学びに役立つ、詳細な記録を持っている

Ⅷ　子どもを変える秩序の保ち方

THE KEY IDEA　秩序を保つ計画を立て、実行する

1・計画ある秩序

「計画を立てないということは、失敗する計画を立てるということである」

教室での子どもたちの態度を指導するとき、2通りの教師が存在します。**受け身でいる教師か、イニシアティブをとる教師かです。**

成果を上げられない教師や、まだどう指導したらいいのかわからない教師は、受け身です。クラスはきちんと運営されず（ここまで説明している通りです）、こうした教師は問

題が発生すると、それに対して**「反応」**します。怒鳴ったり、金切り声をあげたり、罰したり、脅したりすることで、威圧的に子どもたちを従わせようとします。受け身の教師は、1日の終わりには怒り、疲れ、ストレスを抱えて学校をあとにします。

成果を上げる教師は、**「イニシアティブ」**をとります。一般的に、教室で起こる問題の80%は、成果を上げることのできない教師に原因があります。成果を上げる教師は、イニシアティブをとって問題の発生を未然に防ぐ計画を立てているのです。また、成果を上げる教師は、規律がそこまで重要ではないことを知っています。もっと大きな問題は、手順と決まったやり方がないことです。学びの達成のために教室を運営する計画がないことが、問題なのです。

イニシアティブをとる教師は、問題を防ぐすべを知っているので、クラスはうまくいきます。こうした教師は、1日の終わりに、子どもたちがよく学んだという幸せな気持ちで学校をあとにします。

Ⅷ〜Ⅹ（194〜292ページ）は、ぜひまとめて読むことをおすすめします。学級経営がうまくいっていれば、秩序の問題はあまり起こらないはずです。

2・秩序を保つ計画にはルールがある

秩序を保つ計画には、三つの要素があります。

1 **ルール。**子どもたちが守るべきもの。
2 **結果。**ルールが破られたとき、子どもたちが直面するもの。
3 **褒美。**適切な行動に対して子どもたちが受け取るもの。

安全で学びがはかどる環境をつくるには、まずは子どもたちが守るべきルールを確立します。ルールについては子どもたちと話し合い、命令や罰則ではないことを理解してもらいます。ルールをつくる目的は、制限や限度を設けることです。たとえば、ゲームにルールがあるのと同じです。

わかりやすいルールは、教室に「一貫性」をもたらします。子どもたちはルール、結果、褒美をしっかり把握したいと考えます。教師が状況に合わせて気まぐれにルールを変えたり、新たにつくったりするのは嫌がります。成果を上げられない教師は、問題に対処するためにルールをつくりますが、そうすると、そのルールは罰のように受け取られてしまいます。問題が起こる前にルールをつくっておけば、教室での振る舞い方を、子どもたちは理解しておくことができます。

・ルールがあると学習を重視した雰囲気ができあがり、子どもたちにもあなたが期待していることが伝わります。

・じっくり考えた上でルールを決め、書き出します。あるいは、学級開きの前に準備して貼り出しておきます。

・どういう態度が適切なのか、子どもたちにはっきりと言葉で説明し、書いたものも見せます。

適切な態度を維持するほうが、身に付いた不適切な態度を変えるより簡単です。

3・2通りのルール

ルールは、制限を設けるためにあります。子どもたちは教師に指示を出してもらうこと、やってよいことと駄目なことの境界線を明確にしてもらうことを期待しています。学校や教師によって適切だと思う態度は違うので、「境界線」を意識することは大事です。たとえば、教室の中を歩きまわることを許可する教師もいれば、しない教師もいます。

子どもたちは誰かがまとめ役になって、責任を持ってくれることを望みます。そこでは境界線を設定するだけではなく、維持することが求められます。学校は、このことをしっかりと肝に銘じるべきです。学校は、子どもたちが不安なく学びに来られる、安全な場でなくてはなりません。

秩序を保つためのルールの役割は、**子どもたちに期待していることをはっきりと言動で示すことで、ある特定の態度を奨励したり、未然に防いだりすることです。**ルールは2通りあります。**全般的**なルールと**具体的**なルールです。全般的ルールは大きなくくりで、具体的ルールはもっと詳細なものです。

①全般的ルール：広い範囲の行動が含まれる

・人を尊敬しましょう。
・礼儀正しく親切にしましょう。
・教室はきれいに使いましょう。

■利点──広い意味で多くの行動や期待に適応できる。

■弱点――説明が必要。たとえば、「人を尊敬することには、叩かない、ものを盗らない、告げ口をしないことが含まれます」など。

全般的ルールは、実力があるベテランの教師がうまく活用しています。どうすれば子どもがきちんと振る舞うようになるか、長年の経験でわかっているからです。こうした教師は、穏やかに子どもに合図をしたり、手の動きで指示したり、あるいは視線で知らせることで、子どもたちの態度を改めさせることができます。

②具体的ルール：特定の行動に限定される

・チャイムが鳴る前に教室に入りましょう。
・人を不快にさせることは言わないようにしましょう。
・手足やものが、人に当たらないようにしましょう。

■利点――あいまいさがなく、子どもに期待する態度がはっきりしている。

■弱点――行動についてのルールのため、数を五つ以内に絞る必要がある。

具体的ルールは、一般にまだキャリアの短い教師、あるいは経験が長くても、すぐに秩序を保ちたいという教師に向いています。子どもたちが教師から求められていることを学びさえすれば、具体的なルールから全般的ルールに移行することはいつでも可能です。

4・何をルールにすればいい？

ルールを、ガイドラインや期待という呼び方をする人もいます。どう呼ぶかはともかく、ルール（3・Ⅷ）と手順（3・Ⅸ、3・Ⅹ）の違いは理解しておきましょう。**ルールは特定の行動を期待するときに使います。実施してほしい作業があるときではありません。**

あなたが計画を立てるときに、参考になるようなルールの例を次ページに挙げておきます。

5・秩序を保つ計画には、結果がついてくる

ルールには、**結果**がつきものです。子どもによっては、「特定のルールは破っても構わない」と思っています。なぜなら、ルールを破っても結果はいつも同じで、予測できるからです。すなわち、**「ルールを破ってもなんのお咎めもなし」**ということです。責任感の

よく使われる具体的ルール	小学生向けの具体的ルール
1　指示は一度言われたら実行し、その後も守ります。 2　手を上げて指名されたら発言します。 3　許可がないかぎり席を立ってはいけません。 4　手足や物が、人に当たらないようにしましょう。 5　乱暴な言葉を使ったり、人をからかったりしてはいけません。	1　おしゃべりをせずに、指示を待ちましょう。 2　先生が話しているときは、前を向きましょう。 3　1つの課題から次に移るときには、静かに速やかに行いましょう。 4　朝の決まりごとを行いましょう。 5　指定された場所に来てください。
高校生向けの具体的ルール	**校庭での具体的ルール**
1　チャイムが鳴ったときには、着席していてください。 2　授業には、教科書や資料をすべて持ってきてください。 3　授業中に身繕いをしてはいけません。 4　毎日決められた席に座ってください。 5　一度言われたら、指示を守ってください。	1　ブランコは、前後にしか揺らしません。 2　氷や雪を、人に向かって投げてはいけません。 3　すべり台を下りるときには、すべっている人が誰もいないことを確認しましょう。 4　シーソーには一度に2人までしか乗ってはいけません。

カフェテリアでの具体的ルール
1　食べ終わったらテーブルからゴミ箱、出口まで人の流れに沿って移動します。 2　席を決めたら、移動しません。 3　食べ物は、カフェテリアの中ですべて食べきりましょう。 4　食べ終わったら、手を上げて許可をもらってから席を立ちましょう。 5　食べ残しはゴムベラできれいに落としてゴミ箱に捨て、食器は水の中に入れます。

強い人には受け入れがたいかもしれませんが、多くの人（大人も子どもも）は、見つかりさえしなければ、自分は何も悪いことはしていない、という認識でいるのです。

■2通りの結果
・人がルールを守ったとき――ポジティブな結果、あるいはご褒美。
・人がルールを破ったとき――ネガティブな結果、あるいはペナルティー。

人がルールを守ったり、破ったりするとき、必ず相応の結果がついてきます。**あらゆる行動には、結果が伴います。**結果は、罰ではありません。単に、人が何かをしたときに、起こることです。そのために時間をとって、子どもたちに世の中の現実について話すようにしましょう。たとえば、食べ過ぎ、喫煙、駐車禁止の場所に車をとめるなどすると、それぞれの行動には結果がついてきます。一生懸命勉強をする、貯金をする、人に親切にするなどの行為にも、それぞれに結果がついてきます。**「ルールを破ると罰を受けるわけではない」**ということを子どもに理解させましょう。罰ではなく、意識的にルールを破ることを選んだのだから、その結果として起こることを受け入れなくてはならない、ということです。

「結果」は、人が選んだ行動に伴うものです。結果は罰ではありません。せいぜい、「ペナルティー」くらいのものです。ペナルティーは遊びの中やゲームにも出てくるため、子どもたちには馴染みがあるものです。問題は**「選択」**です。「自分自身が選択をしている」ということを受け入れていない人は、被害者意識を持ちます。自分の行動の結果を、人のせいにするのです。ですから、子どもたちにはルールの話以上に、結果について、より時間をとって話をすることをおすすめします。子どもたちの選択や行動が、結果につながるということを理解してもらいましょう。成功している人は、「人生は結果の連続である」と考えています。そして結果は、ポジティブにもネガティブにもなり得るのです。

6・授業をとめないこと

子どもにペナルティーを与えるために授業をとめてしまうと、授業は混乱し、大事な話は中断され、学習の妨げになります。**授業を続けながら、結果を実行に移しましょう。**

・ルールを破った子どもを目撃したら、すぐにペナルティーを適用します。
・ペナルティーは、静かに、授業を続けながら実行し、授業は中断しません。

次に、ペナルティーを実行するときの例を、いくつか紹介します。

①ホワイトボード

授業は続けます。決められた場所に行き、ホワイトボードに子どもの名前を書くか、子どもの名前の横にチェックマークをつけます。授業終了後、または放課後に、その子どもにペナルティーを受けたことを忘れないよう、ひとこと伝えたほうがいいかもしれません。

すぐにペナルティーを実行しないと、その子どもは次の段階の結果を受けるか、2倍のペナルティーを受けるかします。

②チケット

子どもの名前を書き出すのは、厳しすぎると感じるかもしれません。その場合、別の方法を考えます。たとえば、サッカーのようにイエロー・カードを渡すのもいいでしょう。あるいは、交通違反のチケットのやり方を取り入れることも考えられます。特別に用紙を準備することはありません。紙に**子どもの名前**と破られたルールの番号を書くだけで十分です。

チケットは、ホワイトボードがない環境にいるときに使うことをおすすめします。体育や演劇の授業、全校集会や遠足などの行事のときです。誰にチケットを渡したかは記録しておかなければなりません。教務手帳に書いておいてもいいでしょう。

③切り抜き

子どもそれぞれに、好きな形の切り抜きに自分の名前を書いて掲示板に貼ってもらいます。ルール違反を見つけたら、その子どもの切り抜きに「警告」します。付箋紙を貼ってもいいですし、切り抜きを剥がす、あるいは裏返す、でもいいでしょう。ラミネート加工をしていれば、フェルト・ペンも使えます。

7・秩序を保つ計画には、ご褒美とポジティブな結果がある

よいことをすると、人は「気づいてもらいたい」「褒美や報酬がほしい」と思い、期待もします。特典、賞賛、名誉、賞金、賞品などが一般的に思い浮かびます。たしかに世の中には、そのようなものが数多く見受けられます。**しかし、現在の教育現場において、際限なくシールやキャンディーなどのモノを配るやり方はやめるべきでしょ**

う。「どんな特典があるの？」という態度をクラスに蔓延させないためにも。

また、「栄養教育を義務付ける法案」（Child Nutrition and WIC Reauthorization Act of 2004）では、よい行いの対価として食べ物を与えるのは、もはや容認できないとしています。つまり、学校や地域による本法案の取組を無にしないためにも、そういった行為は避けるべきです。

秩序を保つには、自己規律が重要です。そのため、子どもがいつでも、玉手箱からお菓子や抽選券など、楽しいものが出てくるのを期待していたら、自己規律を教えるのは難しくなります。

「一番のご褒美は、〝よくやった〟という満足感である」

もし、「ご褒美を与える手法」を使う場合、学年や学級段階を問わず人気なのは、**「金曜日の30分の自由時間」**を与えることです。これはクラス全体へのご褒美なので、１週間みんなで協力するようになるでしょう。しかも、シンプルかつ効果的です。形のある賞品ではなく、飽きがくることもないからです。実際の自由時間も、ほぼ、学校の勉強に充てられます。ポップコーン・パーティーやピザ・パーティー、ビデオ鑑賞のように準備や片づけもありません。**学習のための自由時間をつくるだけです！**

ルールや結果と同じように、掲示もしましょう。ご褒美の時間は毎日なのか、週1回、月1回、学期末なのか、ということも書くようにします。

ご褒美がもらえる仕組みを、簡単に説明します。それは教師が与えるものではありません。**子どもが自ら獲得するものです。**

クラスでご褒美を獲得するには、誰かがよいことをしたり、指示に応えたりするたびに教師が印を付けていくやり方が一般的です。空き瓶にビー玉を入れたり、手書きの温度計に赤い印を書き入れたりしてもいいでしょう。事前に決めておいた数に達したら、クラス全員がご褒美（自由時間）を楽しめます。

8・行動計画
—子どもと教師の双方が主導する、秩序を保つ計画

子どもと教師が協力して秩序を保つ計画を立てる場合、一般的なのは、子どもに何らか

の文書を提出してもらうやり方です。小学校によっては、クラスに「**パワー・センター**」を設けている人もいるでしょう。１組の机と椅子を少し離れたところに置いておき、問題のある行動をとった子どもは、その席で反省します。「もうパワーがあります」と教師に言えば、活動に戻ることができます。自分できちんとした行動をとるだけの、パワーがある状態になりました、という意味です。子どもが乱れ始めるようだったら、速やかに「パワーはある？」と尋ねます。笑顔で聞けば、笑顔が返ってくるはずです。

学年によっては教室に「**タイムアウト・センター**」があり、これはアイスホッケーの試合のペナルティー・ボックスのようなものです。

「行動計画」は、特定の問題に対処する簡単なテクニックの一つです。子どもは**責任感**を持つようになり、**問題解決能力や自己鍛錬**も身に付きます。

子どもを、離してある机につかせ、鉛筆と「行動計画」のコピーをわたします。

STEP 1

「行動計画」のコピーを子どもに見せ、三つの質問に対して答えさせます。

Q1 何が問題なのか？

Q2 何が原因で問題が起こるのか？
Q3 問題を解決するために、どういう計画を立てるか？

Q1 何が問題なのか？　↓　子どもが破ったルールを指摘します。
Q2 何が原因で問題が起こるのか？　↓　問題の原因をすべて、書き出させます。

「子どもと一緒に問題を解決する」という姿勢で臨むことが大切です。問題を解決するには、まずは「何が問題なのか」を確認することから始めなくては、先に進まないことを説明します。あなたは子どもをおとしめたり、叱ったりしようとしているのではありません。問題を解決する方法を教えようとしていて、それは子どもにとって将来的にも役立つテクニックです。

Q3 問題を解決するために、どういう計画を立てるか？　↓　子どもは自分が問題を解決するための「行動計画」を立てます。

子どもに、問題を引き起こしている原因を考えさせます。そして問題を解決するには、その原因を変えるか、もしくはなくすように伝えます。教師は、「なぜ、このようなことを考えるか」ということについて、その理由を説明します。

二番目の質問でリストアップされた原因をもとにして、計画を考えさせます。ここで子どもには、計画に対する「責任」が生じます。あなたが何をすればいいのか、教えたのではありません。子ども自身が、自ら問題を正すための計画を立てたのです。

「行動計画」の価値ある三つの概念

1　問題解決
2　責任感
3　自己鍛錬

STEP 2 「行動計画」に署名をすることで、責任を明確にします。

子どもの問題行動が続くようなら、三番目の質問を修正します。大声で怒鳴ったり叫んだりするより問題解決、責任感、自己鍛錬の力を育むほうが、ずっとよい結果を生み出します。威圧的な指導は、誰のためにもなりません。子どもが自己鍛錬をして責任を持つようになれば、社会全体のためになります。問題が正されるまで、何度でも「行動計画」の見直しをさせ、子どもが「やり抜く」ようにします。そして**成功したら、必ず子どもを褒めましょう。**

STEP 3 **子どもが責任を持って計画を実行するには、**学校と家庭の双方で励ますことが必要です。そうすることで**自己鍛錬**が身に付きます。

9・子ども主導の秩序を保つ計画―責任感を高めるシステム

秩序を保つ計画で理想的なのは、子ども自身に行動の責任を取らせることです。マーヴィン・マーシャル（MarvinMarshall.com）は、**「責任感を高めるシステム」**を提唱しています。秩序を保つ計画を立てる上で、民主主義と責任は切り離せないものだという考えです。計画に強制力はないものの、寛容なものでもありません。まずは社会的発展にも通じる、四つのレベルを知ることから始めます。

レベル1：無秩序　**一番低いレベル。社会的な秩序はない。**幼児のように、関心があるのは自分のことだけ。

レベル2：支配　**支配されて態度を改める。**独自の基準で**威張り散らす。**より強い権限が行使されたり、脅かされたりしないかぎりは従わない。

レベル3：協力／協調　**外からのモチベーション。**適切な行動をとり、教師の期待に応え、手順にも従う。外部の影響も受けるので、仲間同士のネガティブな圧力には抗しきれない。

レベル4：民主的　**一番上のレベル。内からのモチベーション。**イニシアティブをとり、自己鍛錬を行い、責任ある行動をとる。それが、正しいと知っている。努力をして、望むことはだいたい実現している。

また、責任感を高めるシステムを行うに当たっては、三つのステージがあります。

ステージ1：教える

教師がイニシアティブを持つ。問題行動が起こる前に、あらかじめ教えておくもの。それぞれのレベルがどのようなものか視覚化して子どもに見せると効果的。自分たちの行動がどのレベルかを考えさせるのがねらい。

ステージ2：尋ねる

子どもが自分の選んだ行動のレベルを自覚する。教師は子どもにレベルを特定させたり、考えたりすることを促す。言い訳は受け入れない。子どもと行動は切り離す。「どのレベルで行動しているの？」などと聞き、子どもの個々の行動ではなく、レベルについて話し合う。

ステージ3：引き出す

不適切な衝動の矛先を変える。「自分が選んだレベルについてよく考えてみてね」と言う。

10・秩序を保つ計画についての、効果的なコミュニケーション

ここまで、秩序を保つ計画について準備をしてきました。あとは学級開きの日に、その計画について子どもたちに説明するだけです。どのように子どもたちとコミュニケーションをとるかで、今後の学級経営の成否が分かれます。

■成果を上げられない教師

・はっきりとしたルールがない場合がある。
・状況をおさめるため、思いついたようにルールについて説明を始める。

・ぶっきらぼうで、見下したような態度でルールを伝える。
・顔をしかめたり、肩をすくめたりと表情や仕草で、子どもの発言が信じられないという思いをあらわにする。
・「管理職に言われたから、やっているだけ」と言う。
・「教科を教えるために採用されたのだから、秩序を保つのは仕事ではない」ということをほのめかす。
・「勉強したくないなら、勝手にすれば」と子どもたちに言う。
・適切な行動をとってほしいと伝えるのに、無駄な言葉で子どもを叱る。たとえば、「もう少し何とかならないの？」「何度言ったらわかるんだ」など。

■成果を上げる教師
・子どもたちをおとしめない、秩序を保つ計画をつくる。
・年度始めに計画を綿密に立てると同時に、感情をコントロールした親しみやすい感じで伝える。
・子どもの発言に対して、信じられないという思いを顔や仕草に出さない。
・計画を説明するとき、子どもたち一人ひとりと目を合わせる。

・計画について、わかりやすい理由を説明する。
・子どもたちと家庭用に、それぞれ計画のコピーを用意する。
・計画は一貫して実行する。
・子どもたちに対して、「管理職の先生も、計画に賛同している」ということを伝える。
・転校生がいたら、個別に計画を説明する。
・子どもたち全員が計画に基づいて行動してくれるという、前向きな期待を持つ。
・自身の能力を信じ、自信を持っている。
・子どもたちに責任の概念を教える。

成果を上げる教師は…

1　新年度が始まる前に、秩序を保つ計画についてじっくり考え、学校が始まったときにそれを子どもたちに伝える

2　計画について子どもたちと話し合い、子どもたちが計画は妥当だと納得するようにする

3　計画を確実なものにするために、家庭を巻き込んで協力してもらう

4　規律を用いて、自己鍛錬や責任ある行動について指導する

Ⅸ　クラス内の手順を守ることを教える

THE KEY IDEA　学級経営は、教師が手順をうまく教えられるかどうか次第

1・しつけが問題なのではない

「学級経営において一番問題なのはしつけでなく、手順や決まったやり方がないことである」

これから述べるⅨ、Ⅹは、**本書で一番大切なところです。**順風満帆でスムーズな学びの場をつくることに直結する内容ですので、この項でのやり方を是非取り入れてください。ここでの学級経営に関する情報は、あなたがイニシアティブを持つ教師になるのに役立つ

とともに、教室での問題行動を減らすのにも効果的です。

「成果を上げる教師は、責任を持って手順に従うやり方を子どもに伝える」
「成果を上げられない教師は、支配するやり方で子どもを強制的に従わせようとする」

教室で起こる問題のほとんどは、子どもが手順を守っていないことが原因です。

1　教師が教室での行動原則についてあらかじめ決めていない。
2　手順に従うことを、子どもが教わっていない。
3　教師が手順を使って学級経営を行うことに時間をかけていない。

つまり、子どもたちは存在しない手順に従うことはできないということです。そのため、教師は手順の重要性をしっかりと認識し、学級経営を行わなければならないのです。

2・そもそも学級経営って何？

学級経営には、手順があります。教師は、それを活用して指導したり学びに最適な環境を整えたりします。

学級経営としつけは違います。お店を経営するとは言いますが、お店をしつけるとは言いませんよね。同じように、成果を上げる教師はクラスを経営します。学級経営について、「クラスを組織立たせて運営することだ」と考えるほうが、「子どもたちを厳しくしつけるのが自分の役割だ」と考えるよりも、簡単ですし絶対にうまくいきます。

そのような学級経営を行う教師は、以下のことを行っています。

・学級運営のための手順を決めてある。
・子どもたちが積極的に学べるようにする指導の手順がある。
・計画的に手順の指導をしている。

ポイントは、**問題が起こらないように「予防する」ということです**。成果を上げる教師は、新年度の初めに学級経営について計画的なアプローチをしているのです。

3・学習する人が学ぶ人

子どもたちは、教室に統一された手順があることを受け入れます。そのほうが学校で何をするにも楽だからです。手順があれば、学校での1日の中で、様々な活動を行うことができます。同時に進行できることも多くなり、混乱や無駄な時間はほとんどありません。手順がなければ、活動のたびに説明したりクラスをまとめたりするので、時間がかかります。毎日繰り返し行っているような活動であっても、すんなりとはいきません。そのような日々を過ごすと、子どもたちは、望ましくない学習態度の習慣を身に付けてしまうことになります。そうなると、改善していくのは、とても難しくなってしまいます。

しつけをしていると、学びは捗りません。しつけは、問題行動を一時的にとめることにしかならず、学びのプロセスを中断させてしまいます。

成果を上げる教師は、子どもが課題に取り組み解決していく時間が多ければ多いほど、成長するということがわかっています。「教室で学習し、学んでいるのは誰ですか？」と常に意識しましょう。学習の主体は「子ども」です。

4・しつけと手順の違い

繰り返しになりますが、学級経営とはしつけを行うことだと、誤解しないようにしましょう。**しつけには「ルール」がありますが、学級経営にあるのは「手順」です。**手順のことを、ルールとは呼びません。

手順は、しつけの計画にはないものです。ルールや命令とも違います。手順とは、子どもたちの学習の基礎となるものです。**教室で何かを行う際の、手段やプロセスです。**

手順は、前述した「しつけの計画」とは違います。手順としつけには、二つの大きな違いがあります。

①**しつけ**は、子どもたちの**態度**に対して行う
①**手順**とは、何がどう**実施**されるか
②**しつけ**にはペナルティーや褒美が**ある**
②**手順**にはペナルティーや褒美が**ない**

子どもが手順を守らなくてもペナルティーはありませんし、守っても褒美はありませ

ん。

5・手順の例

たとえば、ロッカーの鍵を開けるためには、その手順があります。右に2回、左に1回、右に1回まわすなどというのが一般的です。それが守れなくてもペナルティーはありません。鍵が開かないだけです。同じように、守られても褒美はありません。単に鍵が開くだけです。人生では何をするにも、きちんと手順を踏めば、うまくいくものです。

年度末に子どもがどれだけ学びを達成できるかは、教師が学級開きからの1週間で、いかにうまくクラス全体に「手順」を定着できるかにかかっています。手順が定着すれば、**「クラスは学ぶ状態が整った」**ということになります。

「ルールは破られるものだが、手順はそうではない。
手順は実施されるもので、学ぶべきステップである」

6・どうして手順が大切なのか

子どもたちは入学したその日から、教室という学習環境の中で、何をすることが期待されているのかを知っておかなければなりません。

しつけは、子どもたちがどう振る舞うべきかの指示です。手順と決まったやり方は、何をするべきかを教えるものです。そして安心感を与えるものです。子どもたちは教室にいるときに守られていると感じないと、主体的に学習に取り組むことができません。クラスで行われることすべてに対して、どのようにすればいいのかの指示や方針を望んでいます。文章の書き方、教師に手助けを求めるときの決まり、鉛筆の削り方、学習の取り組み方、いつ、どのようにコンピュータを使えばいいのか、などです。

手順は、ものごとをどのように実施すべきかを教師が説明するものなので、明確である必要があります。決まったやり方は、促されたり監督されたりしなくても、子どもたちが自動的に行うものです。

手順が必要なのには、いくつか理由があります。

・学級活動への参加、学習、学校でうまくやっていくことなどについて子どもに対する期待の表れだから。
・学校での1日の中で、様々な活動を行うことができるから。多くのものが同時進行で行われ、混乱や無駄な時間はほとんどなくなるから。
・学習に集中できる時間を増やし、授業の中断を大幅に減らすから。
・子どもたちはクラスがどのように運営されているかを理解するので、秩序の問題も少なくなるから。

手順――教師が実施してほしいこと。
決まったやり方――子どもたちが自動的に行うこと。

7・子どもたちは手順を受け入れ、求めている

成果を上げる教師は、学級経営に「手順」を使っています。教師が何かしてほしいと考えるたびに、手順が存在するのです。たとえば出席を確認する、文書を交換する、順番に発言する、現在の課題から次の課題へと移るといったときです。もし手順を決めていなければ、何かをしようとするたびに時間がかかり、学びの時間が奪われます。

教師の手順には、次のようなものがあります。

①始業ベルが鳴ったらどうするか
②鉛筆の芯が折れたらどうするか
③非常ベルが鳴ったらどうするか
④課題が早く終わったらどうするか
⑤質問があるときにはどうするか
⑥トイレに行きたいときはどうするか

手順は、子どもたちのためにあることを伝えます。手順に従うことで混乱が減り、子どもたちは多くを達成できます。そして、次のようなことがわかるようになります。

①教室への入り方
②教室に入ったらすること
③課題の掲示してある場所
④教師の注意をひくにはどうすればいいか
⑤文章の書き方
⑥文章をどこに提出するか
⑦鉛筆の芯を削りたいときに、どうするか
⑧学校を休んだとき、その日の課題がどこにあるか
⑨授業を休むときに、どうすればいいか

どんな教室でも、子どもたちがスムーズに動ける手順が必要です。ものごとがうまく進む混乱のないクラスは、教えるにも、学ぶにも楽しい場でもあるのです。

ものごとがスムーズに進む教室は、教師が手順を子どもたちにうまく教えた成果です。

こうしたクラスをつくる責任は教師にあります。

8・手順は生活の一部

子どもたちが、社会でまわりに受け入れられてきちんと生活していくためにも、手順が大切です。日々の生活は、手順の連続です。たとえば…

①電話帳

電話帳には、長距離電話や国際電話のかけ方、サポートが必要なときや緊急時、サービスのアップグレードの仕方や問い合わせ先などが載っています。

②飛行機

フライトの冒頭には「秩序を保つ計画」が説明され（ここでのルール違反にはペナルティーや罰金が発生します）、その後、手順についての説明があります。シートベルトの締め方、酸素マスクの使い方、救命胴衣の場所、煙が発生したときの避難経路などです。

③エレベーター

エレベーターが到着したら、降りる人のために脇によけます。もしもエレベーターの中にいて、さらに人が乗ってきたら奥につめます。もし、あなたが次の階で降りるのであれば、一旦降りて、新しい人が乗ってから手前に乗ります。

④結婚式

結婚式が終わると、新郎新婦が退場します。最前列のご両親が続き、その後も前の席の人から順に退出します。

手順は、人がきちんと受け入れられるやり方を示してくれます。

マナーがなっていないと言われる人は、おそらく習慣や文化、手順について知らないか、気にしていないかのどちらかでしょう。クラスメートや他の人とうまくやっていくための最高のガイドラインは、「**郷に入っては郷に従え**」という古いことわざです。

9・手順は学校生活の一部

日々の生活のように、教室でも手順に従わなければなりません。ほとんどの教師が教える必要があるものをいくつか紹介します。

①授業や1日の終わりに解散するときの手順

終業チャイムが鳴ったとき、子どもたちはドアのところに立っていて、外に出ていこうとしていますか？　あるいは書き取りの途中であったとしても、立ち上がって出ていきますか？　そのときの様子で、クラスの主導権を持っているのが誰なのか（子どもたちか教師か）がわかります（235ページ参照）。

②子どもたちを静かにさせる手順

15秒以内に子どもたちを静かにさせる、とても簡単な方法を知っていますか？　声を荒らげたり、叫んだり、電気をつけたり消したりしてはいけません。効果もあまりないのでは？　あるいはうまくいったとしても、子どもたちを集中させるまでに、時間がかかるのではないでしょうか。ストレスであなたの寿命が縮まることだって考えられます（239ページ参照）。

③授業や1日の始まりの手順

教室に入ってきた子どもたちは、何をすればいいのか、どこに座ればいいのか、何を用意すればいいのか、わかっていますか？　あるいは、とりあえず座って教師の指示を待っていますか？（260ページ参照）

④子どもが手を貸してほしいときの手順

あなたに手を貸してほしいとき、子どもは手を上げ、注意をひこうとひらひらさせたりしますか？　同時にあなたの名前を呼び、その間、学習を中断し、あなたがすぐに反応しないことに対してまわりにぶつぶつと文句を言ってはいませんか？（243ページ参照）

⑤用紙を扱う手順と子どもたちの移動の手順

子どもたちが用紙を提出するのに延々と時間がかかったり、グループからグループへ、課題から課題へ移るのに、さらに時間がかかったりしていませんか？　そして用紙を提出するときに、あなたの机の上に投げるように置いたり、うしろから順に送るときに、前の子どもの背中を叩いたりしていませんか？（261・263ページ参照）

10・教室の手順を教える、三つのステップ

教室での問題のほとんどは、教師が子どもたちに手順に従うことを教えていないために、起こっています。言うだけでは、教えていることになりません。覚えてほしいと思ったら、子どもたちに実際に動いてもらいましょう。

■手順を教える三つのステップ

1　説明する：手順を伝え、説明し、手本を示し、実演してみせる。
2　練習する：あなたの指示のもと、手順を練習する。
3　強化する：再度教え、練習し、教室の手順が子どもの習慣として定着するまで強化する。

STEP 1：教室内での手順をはっきりと説明する

成果を上げる教師は、どういう活動が必要かをあらかじめ考え、それぞれについて手順も決めています。手順は教室に貼り出すか、学校が始まってからすぐに、あるいは該当する活動が発生するタイミングで、子どもたちに配ります。子どもが小学生でまだ読むのが難しい場合には、貼り出すよりも言葉で説明するほうがいいでしょう。

学級開き当日に、その日行う活動それぞれについて手順が準備してあることは、とても大切です。見直し、磨きをかけ、毎年改善していき、最終的にはお手本となるように仕上げましょう。成果を上げる教師は、学級開きですべきことをまとめている、ということを思い出しましょう。

STEP 2：教室内での手順を、習慣になるまで練習する

成果を上げる教師は、年度初めの1週間に、手順を紹介し、教え、お手本を見せ、練習することに多くの時間をかけます。**「すべての手順を子どもたちが1日で覚える」などという期待は持たないでください。**小学生であれば、なおさらです。「教え、やってみせ、練習させ、観察し、また教える」の繰り返しです。

音楽や演劇、スポーツ、語学などの優秀なコーチを観察しましょう。こうした人たちは、一流の練習テクニックを持っています。テクニックを披露してくれ、ビデオを見せてくれるかもしれません。そしてあなたにも練習させ、その様子を見ていてくれます。このテクニックを「実演練習」と呼ぶ人もいます。

保護者が子どもにピアノの練習をさせるのは、練習すればするほど、うまくなるからです。コーチがチームにプレーを何度も何度も繰り返させるのは、そうすれば試合のときにそのプレーがうまくいく確率が高まるからです。

「すべての手順には、『練習』が欠かせない！」

■練習

・あなたの指導のもと、子どもたちに手順を一から順に練習させましょう。ステップごとに、子どもが正しくできているかを確認します。

・習慣になるまで、子どもたちに手順を繰り返させます。そうすれば教師がいなくても、自動的に動けるはずです。

STEP 3：手順が正しくできていれば強化し、正しくなければ教え直す

再度、前述のコーチたちを観察してみましょう。優秀なコーチは、最高の教師です。コーチがチームやクラス、子どもを導くとき、すぐに修正がなされます。コーチは言葉で説明し、やってみせ、おだて、ときに大声で指示を出して正しくできるように導きます。

そして正しくできたとき、コーチは褒め、ハグをし、背中を叩き、笑顔を見せます。ですが、優秀なコーチは、ここで終わりにはしません。正しいテクニックを強化します。習得したテクニックを何度も何度も繰り返させ、1回ごとにもっとよくなるようアドバイスするのです。

■強化

・子どもたちが手順を覚えたか、さらに説明や見本、練習が必要かを判断します。
・練習の成果が不十分な場合、正しい手順を再度教え、修正点を説明します。
・よくできたときは子どもたちに知らせ、感謝しましょう。

11・三つのステップを使って、手順を教える

手順の指導には例として、次のようなものがあります。もちろん使わないものもあるでしょうが、教える手順を参考にしていただければと思います。そして、自分で決めた手順に応用しましょう。

- ・クラスを解散させる（235ページ）
- ・クラスを静かにさせ、注目させる（239ページ）
- ・子どもが手を貸してほしいとき（243ページ）
- ・用紙を提出するとき（261ページ）
- ・移動するとき（263ページ）
- ・授業中のノートのとりかた（374ページ）
- ・ルーブリック（評価基準を文章で示す表）を完成する（345ページ）

12・授業や1日の終わりに解散するときの手順

①説明

みなさん、授業の終わりには手順があります。私がいいというまで、席を立たないでください（あるいは椅子を机の下にしまって、席のところにいてください）。チャイムが鳴っても、授業は終わりではありません。みなさんの判断で終わらせることもできません。先生が、終わりを知らせます。ありがとう。

終わりにしてもいい状態についても説明しておくといいでしょう。机や作業場をどの程度片づけるべきか、椅子や教材をどこに戻すか、これらを実演してみせましょう。**数名の子どもたち**に（一人はいけません。目立たせる機会をつくってしまいます）お手本として作業してもらいます。それぞれの手順がきちんとできていたら、褒めましょう。そうすると子どもたちに、あなたが正しい手順を確認していることがわかります。

②練習

学級開きの日に、終業チャイムが鳴る数秒前になったら心の準備をしましょう。手順が守られていなかったら、すぐに修正をしなければなりません。子どもたちが、ぞろぞろと出て行き始めてからでは、遅すぎます。修正できないと、問題が大きくなり、子どもがクラスの主導権を持ち、今後、勝手に教室から出ていくようになりかねません。

学級開きの日には、授業や1日の終わりの終業チャイムが鳴る少し前に、手順について思い出させるようにするといいでしょう。そうすれば、修正することでバタバタするのを避けられます。ただし、チャイムと同時に子どもが出ていこうとしたら、こう言います。

「トム、ジョエル、アン、だめよ。机に戻ってもらえる？」

叱ったり、怒鳴ったり、傷つけるようなことを言わないようにします。意味のないことも言わないようにしましょう。たとえば、「言うことをきいて」「退出について先生、何て言った？」などです。話合いや反応はいりません。子どもたちに自分の席にいてほしいだけです。穏やかに、でも有無を言わせない調子で、出ていこうとした子どもに席に戻るよう促します。

③強化

手順に関しては、次の二つが大切です。

1　子どもたちに手順を思い出させること。
2　子どもたちに手順を体験させせること。

■思い出させる：みんな、クラスの終わりの手順について、思い出してね。先生がいいと言うまで、席についたままでいること。

■体験させる：クラスを見渡す。みんな席にいるね（それに、椅子が机にしまわれているね）。それが正しい手順だ。きちんとしてくれてありがとう。…よくできた。明日も同じようにしてね。今日も楽しく過ごそう。

成果を上げる教師は、それぞれに手順を子どもたちに見せ、感じさせ、体験させます。子どもは、他の子どもが席についたままでいるのを見て、正しい手順を体験するのです。成果を上げられない教師は、子どもたちに何をすべきか、言うだけです。子どもたちは、正しいやり方を体験しません。だから、教師が思ったように動いてくれないのです。

毎日練習し、習慣になるまで強化しましょう。3日目か4日目には、自然とできるようなっているはずです。

そうすれば、終業チャイムが鳴ってから数秒後に微笑んで、こう言うだけで大丈夫です。

「楽しかったね。ではまた明日の授業で。いい1日を過ごしてね」。

このほうが、「解散してよし」などと言うよりはるかに感じがいいですよね。

■手順を教える三つのステップ
1　説明する
2　練習する
3　強化する
—思い出させる
—体験させる

（詳しくは230ページを参照してください）

13・子どもたちを静かにさせる手順

①説明

「みなさん、集中して話を聞いてほしいときの手順があります。先生はここに立って、手を上げます。あるいは、グループ活動の最中だったら、見えない人もいるかもしれないので、ベルを鳴らすこともあります。先生が手を上げているのが見えるか、ベルの音が聞こえるかしたら、次のようにください」。

1　そのときに、していることをやめます。
2　先生のほうを見ます。集中して、先生から目を離さないでください。
3　先生の言うことをよく聞きます。先生には話があるからです。もう一度言います。お手本も見せますね。

説明を繰り返し、クラスを見渡して子どもたちが理解していることを、確認します。

「バイロン、先生が手を上げるかベルを鳴らすかしたときの、手順を説明してもらえる？」

バイロンが、言われた通りに答えます。

「そうね、その通りです。ありがとう、バイロン」。

同じことを、何人かの子どもで繰り返します。

「みんなの中で、先生が手を上げるかベルを鳴らすかしたときに、何をすればいいのかわからない人はいますか？」

②練習

「大丈夫ですね。では、練習しましょう。1年間一緒に勉強するわけですから、お互いに自己紹介しましょう。みんなの右にいる人を見てください。2分間で、お互いに自己紹介をしてもらいます」。

2分後、あなたは手を上げるかベルを鳴らします。最初なので、両方を同時に行ってもいいでしょう。手を上げるときには、何も話しません。このとき、その後1年間行うのと、同じようにします。そして子どもたちが三つの手順を行い、あなたに注目するのを待ちます。

子どもたちがあなたのほうを見て静かになるまで、辛抱強く待ちます。みんなの注目が集まったら、褒めましょう。

「ありがとう。今のが正しい手順です。

では次に、左にいる人を見てください。また2分間でお互いに自己紹介をしてもらいます」。

2分後、手を上げるかベルを鳴らします。手順をうまくできたら褒めます。

「ありがとう。手順を正しくできましたね。

練習はまだ終わりではありません。授業を行うとき、みんなが自分の席にいないこともあります。グループで活動したり、教室の中で自分の席を離れて学習したりするときなどです。ですから、違う設定で練習してみましょう。

二人は、鉛筆削りのところに立ってください。二人は流し台のところ、二人は本棚、一人はコンピュータのところにいてください」。

そして手を上げるか、ベルを鳴らすかして、席を離れた7名が注目するのを待ちます。

③強化

「ありがとう。それが、先生が手を上げるかベルを鳴らしたときの、正しい手順です。

手が上がるのが見えるか、ベルが聞こえるたびに、毎回同じことをしてくださいね」。同じ言葉を繰り返すことで、子どもたちは同じ手順を使って、決まったやり方をするようになります。「行為を褒め、子どもを勇気づける」というテクニックも有効です。

子どもたちを静かにさせる方法は他にもあります。自分で決まりをつくるか、次のリストから取り入れてみましょう。

1 全校集会で校長がオレンジのカードを掲げ、子どもたち全員を数秒で静かにさせる。
2 多くの先生は通常、このように言っています。「静かにして、聞いてね」。
3 あるテキサス州の教師はこう言います。S―A―L―A―M―E。「ストップしてこちらを見て」（Stop and Look at Me）の略です。
4 あるアメリカン・フットボールのコーチはこう言います。「紳士諸君、お願いします」。
5 アリゾナ州の教師は、卓上チャイムを利用しています。
6 未就園児を教える教師は、歌を歌います。

14・子どもが手を貸してほしいときの手順

あなたに注目してもらいときに、「子どもが手を上げる」という行為は効果的とは言えません。他にもっとよい方法があります。

仮に子どもたちが学習に取り組んでいて、あなたは机間指導をしているとします。手が上がっているのを見て、「はい、パム」と声をかけます。すると、クラスの全員が手を止めて、あなたとパムを見ることになります。

パムは「鉛筆を削ってもいいですか？」と、学習に必要なことを言います。

あなたは「どうぞ」、あるいは「今はだめよ」と言い、子どもたちは作業に戻ります。

数秒後、別の子どもの手が上がります。「はい、カルロス」とあなたが言うと、またクラス全員があなたとカルロスを見ます。

カルロスは「わからないことがあります」と言い、あなたが「ちょっと待ってね」と言うと、子どもたちは作業に戻ります。

あなたが何か言うたびに、クラスの作業は中断されます。こうした中断は頻繁に、場合によっては1分間に2、3回の割合で発生することがあります。

もし、校長先生が1日に何度も校内放送をしたら、それだけで集中が途切れるでしょう。1分間に2、3回であれば、言うまでもありません。「校内放送で授業が中断される」と不平を言う前に、子どもたちが集中しているときに、教師が何回くらい学習を中断させているか考えてみましょう。

■授業を中断せずに、教師の注意をひく方法

①手信号：手の指の数で、合図をする。
②トイレット・ペーパーの芯：色分けをしておき、色で合図をする。
③発泡スチロールのコップ：コップを置く場所で合図をする。
④カード：カードに欠かれたメッセージで、合図をする。
⑤教科書：教科書を立てて合図をする。

①手信号

子どもたちが、**立てる手の指の数**で教師に合図をする方法です。何本指を立てたらどういう意味になるかは、教師があらかじめ決めておきます。

手信号のチャートを教室の壁に貼っておきましょう。そして、子どもたちにこの方法を使う練習をしてもらいます。

・発言があるときは、人差し指を立てます。
・席を離れたいときには、指を2本立てます。
・手を貸してほしいときは、指を3本立てます。
・トイレに行きたいときには、指2本を交差させます。

子どもが手信号で合図をしているのが見えたら、それに対して静かに頷くか、首を振る、あるいは手信号で返事をしましょう。

「大切なことは、他の子どもたちの意識をそらさないこと」

②トイレット・ペーパーの芯

トイレット・ペーパーの芯の片一方を赤い工作用紙で巻き、もう一方を緑色の用紙で巻きます。子どもたちの机の上

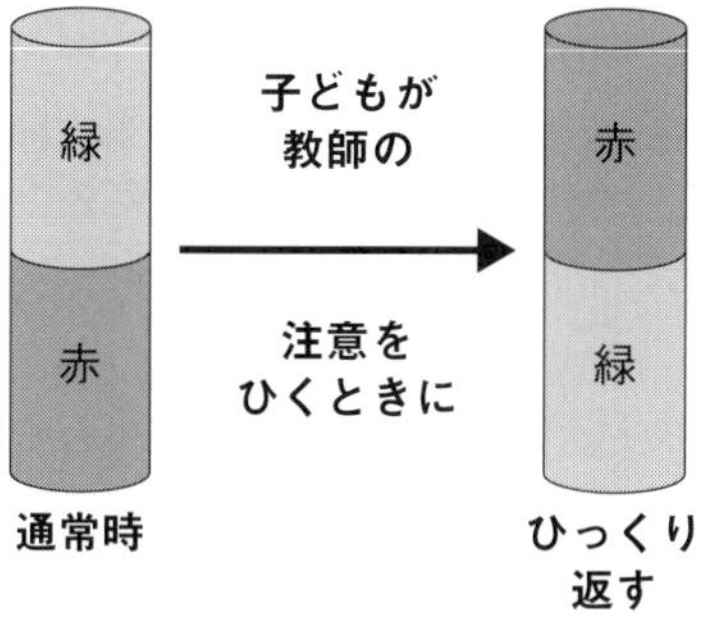

に、緑色のほうを上にして立てておきます。

子どもが教師の注意をひきたいときは、ひっくり返して赤いほうを上に向け、**そのまま作業を続けます。**教師が子どもの席まで行って手を貸すと、緑色を上に戻します。

③発泡スチロールのコップ

コップの後ろに短い紐をテープで貼ります（発泡スチロールのコップだと音が立ちません）。紐のもう一方の端を子どもの机のへりのそばに貼ります。コップは机から垂れ下がった状態にしておきます。

子どもが教師の注意をひきたいときは、コップを机の上に置き、**作業を続けます。**

④カード

カードを三辺で立つように折ります。一辺には「手を貸してください」、もう一辺には「作業を続けてください」と書きます。最後の一辺は空白のままにしておきます。カードを、空白の面が子どもたちに向くように机の上に置きま

す。

子どもが教師の注意をひきたいときは、「手を貸してください」の面が前を向くようにします。子どもに「作業を続けてください」というカードのメッセージが示されたら、そのまま作業することになります。

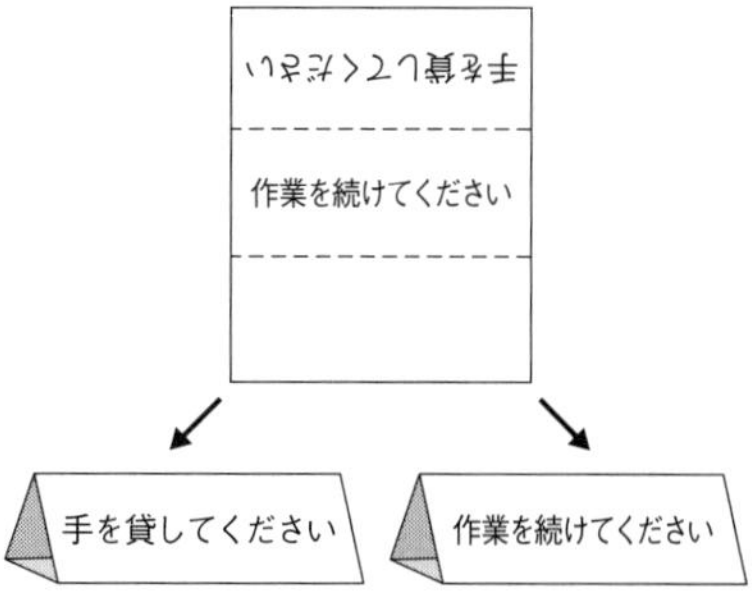

⑤教科書

高校生であれば、この方法がシンプルでいいかもしれません。子どもたちが教師の注意をひきたいときは、教科書を机に立てて作業を続けます。

15・子どものための指導手順

クラスをまとめるために手順があるように、子どもたちの学習指導にも手順があります。いくつか指導手順の例を挙げます。

1 グループ活動の方法（273ページ）
2 ノートをとる方法（374ページ）
3 教科書を読む方法（375ページ）
4 宿題を行う方法（378ページ）
5 毎日の学びを要約する方法（289ページ）

この手順は、どんな教科でも授業内容でも活用できます。教室での手順がクラスをまとめる基礎になるように、指導手順は情報を取り入れ、学ぶための基礎となります。

16・手順がうまくいかないときは？

子どもたちが、おしゃべりをやめません。または、子どもがうっかり、何かよくないことを言ってしまったらどうすればいいでしょうか？　ここでは、「もし、○○ならどうすれば？」という質問の中でよくある項目を三つ挙げます。

①子どもたちが手順を守らないときは？

「子どもたちに説明し、その後も何度も何度も思い出させるのですが、手順通りにやってくれないんです」という声をよく聞きます。実は言うだけでは、子どもたちは動きません。何度でも繰り返し練習しましょう（230～233ページ参照）。

②子どもたちが手順を忘れる場合は？

子どもは、つい手順を忘れて発言をします。私たち人間はみな、忘れる生き物です。手順はわかっていても、つい忘れてしまうのです。この場合、練習は必要ありません。もっと簡単でいい方法があります。こう言うことです。

「それはどういう手順か、言ってもらえる？」

鏡の前に立って、穏やかにこう言うのを何度でも練習しましょう。自然とこの言葉が出てくるまで、1000回でも繰り返します。

「それはどういう手順か、言ってもらえる？」

この練習は、穏やかな口調に加え、思いやりのある笑顔で行います。そして、次に子どもが手順を守らずにうっかり発言してしまったら、その子どもの近くに行き、怒っている様子やイライラした感じを出さずに、毅然とした態度で、かつあたたかい笑顔で言いましょう。

「それはどういう手順か、言ってもらえる？」

このように言うこと、仕草で示すことは、ぶつかり合いではありません。単なる「質問」です。子どもが正しい理解を示したら、それをにこやかに褒めて授業を続けましょう。

③それでもだめなら？

あなたが手順の指導法をマスターしているとして、それでも子どもたちが協力してくれない場合、手順をルールに変更するという選択肢もあります。繰り返しになりますが、手順とルールの違いはしっかりと理解しておきましょう。ルールにする場合は、結果が生じることを子どもたちに伝えます。そして、決められたことが守られなかった場合には、必要な対応をします。この判断は、あなた次第です。結果が生じるということは強制力を持ち、場合によっては強要のように感じる子どももいます。手順を教えるほうが楽かもしれませんので、よく考えましょう。

脱落のリスクがある子どもに、手を差し伸べることはできます。こういう子どもたちは、本当は可能性に満ちていて、あなたが持つ前向きな期待よりも、はるかに多くのことを成し遂げます。リスクはその子どもの知能、性別、肌の色、国籍、社会経済上な生い立ちには、まったく関係ありません。リスクがあるとは、単に子どもが落第する、あるいは学校を中退する危険があるという意味です。

一般的にその理由は子どもが勉強をせず、その結果、十分な成績をおさめられないことにあります。CHAPTER 4に出てくるような学習の手順を教わっていないのです。

こうした手順は、子どもたちに成功する機会を与えます。

・ノートのとり方（374ページ）
・教科書の読み方（375ページ）
・宿題のやり方（378ページ）
・グループ学習のやり方（273ページ）
・課題の理解の仕方（301ページ）
・テスト勉強のやり方（315ページ）
・その他、子どもたちが期待されていて、教室で行うこと（行うこと、であり、態度では

ありません）

「可能性に満ちた子どもたちに、何よりも必要なもの、
それは、クラスを体系化することである！」

しっかりと学級経営ができていると子どもたちは、物事を行うためのやり方を学びます。詳しく述べるなら、物事を行うやり方の体系化です。リスクのある子どもたちは、体系化されていないクラスにいることで、状況が悪化することが考えられます（言い換えると、まとまりのない、混沌とした状態です）。

・子どもを変える教室は体系化されています。
・手順と決まったやり方が体系をつくりだします。
・成果を上げる教師は、手順と決まったやり方を使って学級経営と学習指導を行います。

手順を用いることで、子どもたちと教師の関係が体系化されます。子どもたちの多く

は、体系化されていない家庭から来ています。成果を上げる教師は、体系立った環境を提供します。そうすることで、子どもたちは安全で頼りになるものを見いだすことができるようになるのです。

特別な手順を設けることで、子どもたちは安心します。頼りになるからです。手順は凝ったものにしなくて大丈夫ですが、一貫性は持たせるようにしましょう。小学校であれば、「どこに並べばよいか」というシンプルなものが考えられますし、中学校であれば「危険が迫ったらどこに向かえばいいか」などが挙げられるでしょう。教師には待機できる部屋（職員室）があるのに、子どもたちにはそのような安全な場所がないのは皮肉なことです。

手順が整ったら、クラスの係を決めてもいいでしょう。

子どもを係につかせること、友達のサポートをさせることは、手順や決まったやり方があって初めてできることです。子どもたちに責任感が出てくるからです。

1年の早い時期に手順や決まったやり方を確立しておくと、その後は指導と学びに集中することができます。

クラスを成功に導くためには、まずは手順を取り入れることが大切です。

子どもたちと練習する「手順」の例

・教室に入る
・すぐに課題を始める
・質問に耳を傾け、答える
・クラスの議論に参加する
・机の整理整頓
・教室内の資料の確認
・理解したかどうかを示す
・注目をする
・協力して作業する
・グループを変更する
・ノートをとる
・職員室に行く
・その日の、あるいはそのクラスの予定を知る
・進捗レポートをつける
・課題の指示を見いだす
・用紙を提出する
・用紙を交換する
・子どもたちの答案用紙を返す
・他の人の邪魔をせずに資料を取る
・校庭で使うものを出す
・教室内を動きまわる
・図書室などへ行く
・文章の書き方
・中断の後、課題に戻る
・質問をする
・授業中に教室から出る
・非常ベルが鳴ったときの行動
・地震が発生したときの行動
・悪天候に対する警報があったときの行動
・「ありがとう」を言う
・遅刻をしたとき
・授業終了後の解散
・鉛筆や紙が必要なとき
・欠席したとき
・何か手を貸してほしいことや相談したいことがあるとき
・早く終わったとき
・全校向けの放送が入ったとき
・教室に訪問者がいるとき
・教師が教室にいないとき
・急に具合が悪くなったとき

成果を上げる教師は…

1　よく考えられ、構成された手順をあらゆる活動に使う

2　年度初めに、あらゆる活動に対する手順を教える

3　手順がクラスの習慣になるまで、練習を重ねる

4　状況に応じて手順を強化し、教え直す

X　手順があると、学びの機会が増える

THE KEY IDEA　学級経営がうまくいっているクラスでは、子どもはよく学ぶ

1・体系立っていて、先が読める

「成果を上げる教師には、目に見えない手順がある。
教室にいても見えはしないが、存在を実感できる。
だからこそ、成果を上げる教師のクラスは円滑に進むのである」

学級経営がうまくいっている教室においては、授業は円滑に進み、子どもたちは学習に集中します。それは、成果を上げる教師が、最初の1週間で子どもたちの学びの準備を整

えるためにクラスをまとめ、体系立てるからです。

学級開きで、そして新年度の最初の1週間で確立すべきことは、「**一貫性**」なのです。**一貫性とは、クラスが体系立っていて、見通しが持てることです。**驚くようなことは起こりません。教師も子どもたちも、授業がどう進んでいくかを心得ています。子どもたちは、やるべきことをわかっています。**手順を知っているのです。**

たとえば、次のようなことをするときの手順です。

・注目する（239ページ）
・教室に入り、学習を始める（165ページ）
・手を貸してほしいと伝える（243ページ）
・廊下に出る（280、429ページ）
・バスや車に乗る（290ページ）

学習に関しては、次のような手順があります。

・始業ベルの課題（282ページ）
・授業のノートをとる（374ページ）

・グループ作業（273ページ）
・テスト勉強（315ページ）
・資料を示す（275ページ）

こうした手順があるおかげで、教師がいつでも子どもたちを怒鳴っていたり、指示を出していたりということはありません。子どもたちは、どうすればよいのかわかっていますし、体系立ったクラスで学ぶことができます。

2・手順は、永久に続く変化をもたらす

教室ですべきことをわかっている子どもは、結果を出します。そして、結果は学びと達成をもたらします。子どもたちは責任を持って、必要な課題に自ら取り組むからです。そうすると、態度や秩序の問題は自然と起こらなくなり、学習に取り組む時間が増えます。

手順を学ぶことで生じる態度の変化は、**永遠**に続きます。問題が生じたときに対処するやり方では、**一時的**な態度の変化しか起こりません。次のような言い方もできます。

成果を上げる教師は、手順と決まったやり方を使って学級**経営**を行います。そうでない

教師は、子どもを脅し、罰するやり方で学級をしつけます。

朝の決まったやり方を持たない教師は、学級開きでも、その後の1年間でも毎日、クラスに悲劇をもたらします。

前項では、次の手順を見ていきました。

・終了時のクラスの解散
・子どもを静かにさせる
・子どもが、教師に手を貸してほしいと伝える
・リスクを持つ子どもの手助けをする

本項では、教室内における次の手順を紹介します。

・授業を開始する
・用紙をどう扱うか
・移動
・鉛筆問題

さらに次の指導手順についても触れます。

・子どもたちをグループに分ける
・グループ活動を行う

手順を教えるには、ステップを踏むことが大切だということはすでに述べました。「**説明する、練習する、強化する**」です。

これから、あなたは自分の教室の環境に合った手順を、数多くつくり出していくことでしょう。手順が多ければ、それだけ学びに集中できる時間が長くなります。

3・授業や1日の始まりの手順

成果を上げる教師は、常にその日の手順を教室に掲示しておくか、子どもたちが登校したら配布できるように紙で準備しておきます。いつでも同じことをするようにして、この手順が子どもたちにとって決まったやり方となるようにします。

これはとある教師の、学校が始まるときの手順の例です。成果を上げる教師は、手法をサンプリングして、自分の担当している学年や教えている教科に合わせて応用することができます。そのための準備が大切であることは、言うまでもありません。

・大工は、仕事を始める前に道具を揃えておきます。
・外科医は、手術を始める前に必要な器具を揃えておきます。
・シェフは、最初の注文を受ける前に食材や調理用具を揃えておきます。

4・用紙を扱う手順

もし、あなたのクラスでは机が列に並んでいるのなら、用紙を集めるときは、横にまわしてもらいましょう。縦よりも、効率がいいのです。

どうしてでしょうか？　縦にまわすと、次のような問題が考えられます。

1　縦にまわすと、あなたが教室に前に立って用紙が集まるのを待っている間、子どもたちの背中のうしろで何が起こっているか、様子が見えません。

2　用紙がまわってくることを知らせるために、前の子どもの背中をつついたり、トントンと叩いたり、押したり、何かをぶつけたりする子もいます。あるいは見えるように、用紙をその子の顔の前で振ったりします。前に座っている子どもはイライラして声を出し、クラスはざわつき始めてしまいます。

3　用紙が手渡しでまわされると、床に落ちることがあります。用紙を扱う子どもの人数が増えるほど、用紙が落ちる可能性も高まり、学びの時間は中断されます。

4　縦の列の人数のほうが横よりも多いのが一般的なため、用紙を手渡しする人数も増えます。

5　つまり、縦にまわすほうが時間もかかり、子どもたちも騒々しくなりがちです。

このようなことから私たちは、**用紙は横にまわすほうがいい**、という結論に達しました。次は、手順を確立しましょう。

STEP 1　どちらか一方の列の端の子どもたちに、自分の用紙を隣の子どもの机の上に置くように指示します。

STEP 2　次の列の子どもたちは、自分の用紙を加え、隣の子どもの机に置きます。手渡しはしないようにします。そのほうが紙は音を立てません。

STEP 3　子どもたちが机の上に置いて紙をまわしているとき、手順を確認し、適宜やり方を注意したり、きちんとできている子どもを褒めたりします。

STEP 4　教室の端に行き、すべての列で手順を確認します。教室の前に立ち、縦に用紙をまわしてもらうときと違い、このやり方なら子どもたちの様子がよく見えます。

STEP 5 用紙を回収するか、指定した子どもにすべての用紙を回収してもらいます。

教室ではなく、理科室などのテーブルに座っている場合は、

・上座に用紙を置くように指示します（指差して場所を特定します）。

・子どもたち、助手、あるいはあなた自身が用紙を回収します。

教師の机の上に置いたカゴなどに、子どもたちに用紙を提出させるのは、よい方法ではありません。動きが多すぎて、混乱することがあります。まだ手元にあるのに、「提出しました」と間違える子どもも出てきます。用紙の回収方法を決めたら、最初に行うときに練習しましょう。

5・子どもたちの移動の手順

子どもたちは学校において、1日中移動していると言っていいでしょう。時間割は決まっているので、移動しないということはありえません。子どもたちは教室を移動し、担当する教師も変わることもあるでしょう。休み時間や昼食の時間、全校集会、クラブ活動

などがあり、ひっきりなしに動くことになります。あるいは、読書活動からすぐにプリント問題に移る、ビデオ鑑賞から議論に移る、書くことから暗唱へ、片づけから下校へ、などの移動もあります。

教室内でも移動があるでしょう。毎日7時間、同じ椅子にずっと座り続けると飽きてきます。どんな移動であっても、手順があれば騒々しくならずにすみます。**成果を上げる教師には、移動を素早く、楽に行うための手順があるのです。**

子どもたちは、急に何か他のことをするように言われても、うまく対処できません。移動を簡単にするには、準備が必要です。「あと2分経ったら、次は◯◯をしてもらいます」などと言っておくのがいいでしょう。

移動に関しては、難しく感じる子どももいます。三つのことを同時に行うことになるからです。

1 課題を一つ終える
2 別の課題の準備をする
3 新たな課題に集中する

STEP 1 終了。子どもたちに時間的な警告を与えます。「あと2分経ったら、『変更』と言います」（あるいは他の言葉で）。

STEP 2 準備する。「『変更』と言ったら、○○をしまってください」。

STEP 3 再度集中する。「そして歴史の教科書を出して、25ページを開いて3番の問題に取り掛かってください」というように、言葉で伝えるのと同時に、ページ番号と質問番号はいつも黒板にも書きましょう。子どもたちがステップ1、ステップ2を行っているときにステップ3の指示をしていることを忘れないでください。

新たな学習が始まったら、その間は何も言わないようにします。何か話してしまうと、切り替えの妨げになります。指示を何度も繰り返しているのなら、指示が「短く、シンプル」ではないのかもしれません。

注意深く見守り、きちんと動いていない子どもがいたら、微笑んで手信号で指示を出すか、黒板の指示を示しましょう。それで十分わかるはずです。

6・鉛筆問題を解決する手順

筆記用具を忘れたからといって、怒ってはいけません。そのことで、時間をとられないようにすることが大切です。クラスの貴重な学びの時間を、無駄にしないようにします。

小言を言わずに、すぐに鉛筆を渡します。

下の二つの缶を見てください。一つには「新しい鉛筆」というラベルが貼ってあり、削ったばかりの鉛筆が入っています。もう一つの缶は「使用済みの鉛筆」です。

二つの缶を教室の入り口に置きましょう。教室に入るときに、子どもたちはその日使う、削ってある鉛筆を選んで持っていくことができます。そして1日の終わりに「使用済みの鉛筆」の缶に鉛筆を戻して退出します。次の日、あるいは次のクラスで使えるように鉛筆を削る係も、クラスで決めておきます。

これでもう「鉛筆を忘れました。勉強できません」という子どもはいなくなります。

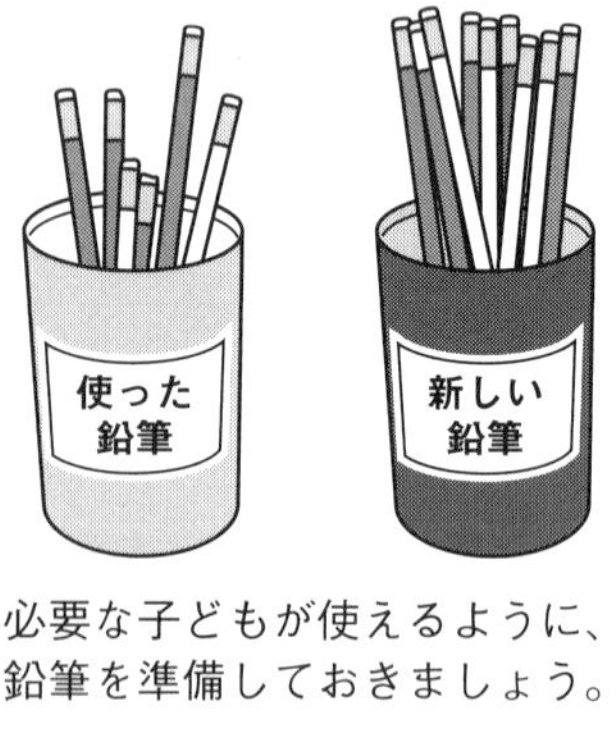

必要な子どもが使えるように、
鉛筆を準備しておきましょう。

これは鉛筆問題に対処するための、一つの例にすぎません。ある小学校では、1日の終わりに、削った鉛筆をそれぞれの収納スペースに子どもたちにしまわせ、次の日にすぐ使えるようにしている教師もいます。そうすれば、教室に入ると同時に書く準備ができているることになります。

考え方はシンプルです。もし、子どもが鉛筆を持っていなければ、使えるものを渡します。そのために、あなたと子どもたちに都合のいい方法で手順を考えましょう。

授業中に鉛筆の芯が折れたときも、同じです。鉛筆削りの音が響き渡るというような事態を避けるために、「新しい鉛筆」の缶から鉛筆を取るようにしましょう。そして、芯が折れた鉛筆は、「使用済みの鉛筆」の缶に入れます。そうすれば、その子どもだけが手順に従えばよく、クラス全員を巻き込むこともありません。

7・グループ活動の手順

発達心理学者のジャン・ピアジェは、**「子どもたちが行動し、自分のしたことについて考えるときこそ、どんなときよりも学びが深まる」**と提唱して評価されています。実践的で心が開かれた学習は、子どもたちが自ら学ぶ上で、最上の学習の一つでしょう。

教育テストサービスは、全国的な学力調査報告書のデータにある、1万4000名の中学2年生の数学と科学のテスト結果について分析したところ、次のような発見をしました。

授業で教師が実践的なグループ活動を行っている子どもたちの成績は、そうでない子どもたちより数学で約70％、科学で40％上まわっていた。[27]

グループ活動では、リーダーシップをとること、グループで意思決定をすること、意見の対立を調整することなどを繰り返し行うため、将来の成功のためにも役立ちます。**子どもたちが協力して学習するほど、多くの学びが達成されるのです。**

グループ学習を行うということは、クラスが体系的な状況であると言うことができます。なぜなら、グループで活動しているときに意見を明確にし、結果を比較し、解決策を共有し、リーダーシップとチームワークのスキルを身に付けるためには、手順があるからです。相手を思いやって協力し合えば、それぞれが一人で課題に取り組むよりも早く、活動の目標を達成できるはずです。

8・クラスのグループ分け

グループ分けでは、クラスの子どもたちをどのように分けるかが問題ではなく、グループに分かれるように指示したときに、**いかに円滑にグループに分かれることができるか**が大切です。

何の問題もなく、グループ分けできる教師もいます。指示をされると、子どもたちは素早くグループに分かれます。一方、グループ分けに手間取る教師もいます。こうした教師の指示では、子どもたちは文句を言い、不満の声をもらし、中には他の子と一緒に作業をしたくない、という子も出てきます。どうしてそのようなことになってしまうのでしょうか？

グループ分けを左右する要素は二つあります。

①クラスの雰囲気
②説明

①クラスの雰囲気

単純に、子どもがクラスや教師を嫌いだと思っていたり、うまくいっていなかったりすると、グループ分けは難しくなります。**グループ分けをする前に、子どもたちが協力してくれるための要因がすべて整っていることが大切です。**

左下の枠内にあるのは、子どもたちの協力に影響する可能性のある決定要因です。子どもたちが協力してくれない状況にある教師は、「どうすればいいの？」と途方にくれてしまいます。そして問題に対処すべく、てっとり早い解決策を探します。でも、教育にてっとり早い解決策はありません。このリストには、「**クラスの成功は教師の責任**」だということが示されています。成果を上げる教師というのは、そのことを知っているのです。

②説明

子どもたちがいかに素早くグループに分かれるかは、どうしてグループに分かれるの

協力に影響する決定要因

CHAPTER 2
- 前向きな期待を高める
- 学級開きの活動を取り入れる
- 成功のために服装に気を遣う
- 家庭を巻き込む
- 誘《いざな》う学びを取り入れる
- 5つの適切な言葉を取り入れる

CHAPTER 3
- 適切な学級経営戦略を取り入れる
- 教室を前向きな雰囲気に整える
- きちんと自己紹介する
- 座席を配置し、割り当てる
- 課題を掲示し、すぐに取り掛からせる
- 出席は素早く確認する
- 秩序を保つ計画を指導する時間をとる
- 手順を練習する

CHAPTER 4
- 授業の目的を共有する
- 目的のあるテストを実施する
- 子どもたちに、自分で成績を管理できることを教える

か、どのように分かれるのかを教師がはっきりと説明できるかどうかにかかっています。「はい、では4人ずつのグループに分かれてください」では、うまくいきません。曖昧な説明をすると、次のような声があがります。

「アンドリューと一緒に作業してもいいですか？」

「シャーロッテと組まなきゃだめですか？」

「このグループで、どのくらいの時間作業するんですか？」

クラスでグループに分かれる場合、ずっとそのままということはありませんので、子どもたちの希望を聞く必要はありません。次の点を伝えれば十分ですので、参考にしてみてください。

1グループの人数　グループ活動では、どんな活動をするかによって、どのように分けるか、何人ずつに分かれてもらうかは、変わってきます。2人ずつに分かれてもらうこともありますし、4人ずつ、8人ずつなど、いろいろです。必要な人数で、グループをつくってもらうことになります。

グループ活動の時間　どんなことをするかによって、グループ活動がどのくらい続くかは変わってきます。2分で終わることもあれば、2日、あるいは2週間かかることもあるかもしれません。活動が終われば、グループは解散します。

子どもたちはすぐには、うまくグループで学習できるようにはなりません。グループ活動の指導は時間のかかるもので、辛抱強く待つことで、徐々に効果が出てきます。以前は、子どもに「自分だけで考える」ことを教えていましたが、ジェネレーションY世代（1980～1990年代に生まれた人々）の人たちは、「チーム単位で考える」ようになってきています。

子どもたちは本質的に、他の人と活動するのが好きなものです。つまり、子どもの参加や交流においては、問題は起こりません。問題があるとしたら、指示が不十分なことです。**直接言ったことでも、書いたことでも、何をするべきで、何を目指すのかについて指示が明確でないと、子どもは独自の解釈を生み出します。**教師は授業前に、活動の内容を体系立て、十分に理解してもらうようにしなければなりません。

「子どもたちが円滑にグループ活動に移れるかどうかは、
教師がグループ課題の目的と解決方法をはっきりと説明するかにかかっている」

9・グループ活動の構成

企業は、共に働く人を探し、研修を行うために何百万ドルもかけます。成果を上げる教師も同じように、子どもたちに対して、協働的に作業することを教えていくことに時間をかけます。

■グループの構成
①グループに名前をつける。
②グループの人数を特定する。
③活動の目的、資料、方法を示す。
④手順を教える。
⑤グループ作業をするには、一人ひとりが責任を持つことが大切であることを伝える。
⑥グループとしてうまく作業できたかどうかを判断する、評価方法を教える。

①グループに名前をつける

共に学ぶとはどういうことかは、「サポート・グループ」の概念によく表れています。「サポート・グループ」は、似たようなニーズと目標を持つ人たちの集まりで、お互いに思いやり、問題を解決して成功するために助け合います。「サポート・グループ」には、たとえば体重を減らしたい、中毒を克服したい、不安に打ち勝ちたい、子育てを学びたい、などと考えている人向けのものが存在します。シングル・ペアレント、シニア世代の人々、虐待を受けた子どもたち、暴力をふるわれた妻、兵役経験のある人向けのものもあります。ネットワーキング・グループ、新興企業グループもありますし、CEO（最高経営責任者）たちでさえ、ビジネスを拡張するのに、互いにサポートし合っています。教室における「サポート・グループ」も同様です。

あなたのクラスでも、子ども同士のグループを**「サポート・グループ」**、それぞれのメンバーを**「サポーター」**と呼ぶことを検討してみてください。

②グループの人数を特定する

グループの人数は、活動を成し遂げるために必要な仕事の数で決まります。たとえば、観察をする4人のグループであれば、次のように四つの仕事があります。

子どもAは、資料を揃え、授業、あるいは1日の終わりに戻します。
子どもBは、活動の各ステップがきちんと行われているか、チェックします。
子どもCは、観察し、データを記録し、活動の議事録をつくります。
子どもDは、グループ・レポートを書きます。

③活動の目的、資料、方法を示す
課題として出される活動は、子どもたちが何をどのように行えばよいのか、すぐにわかるものでなくてはなりません。278ページに具体例を載せています。

④手順を教える
子どもたちと考える、四つの手順を挙げます。
・**自分の役割と、グループの結果に責任を持ちます**（仕事の世界では、自分の役割だけでなく、共に仕事をしている人たちの結果にも責任を持つものです）。
・**質問があれば、サポーターに聞きます。**教師には質問しません（仕事の世界では、手を上げて助けを求めることはありません。自発的に動くことが求められているので、探究し、問いかけ、調査し、グーグルなどで検索します）。

・サポーターに協力してほしいと言われたら、進んで協力しなければなりません（仕事の世界では、チームワークのスキルが求められます）。

・誰も疑問に答えられない場合は、質問すべきこと、手を上げて教師に質問する人を決めます（仕事の世界では、話合いをして合意に達することが、成功への鍵となります）。

⑤グループ作業をするには、一人ひとりが責任を持つことが大切であることを伝える

目的、課題、手順を設定した後は、教師はコンサルタント役になります。問題が起こっても、グループで解決するようにします。

「サポート・グループ」は協力してレポートを書き、チーム毎に発表します。子どもたちはグループ作業のプロセスと、レポート・発表の出来栄えに責任を持ちます。**「サポート・グループ」にはグループ評価が与えられ、それは一人ひとりの評価にもなります。つまり、グループのメンバーそれぞれが、他のメンバーと協力し合い、グループの成功のために貢献することが大切です。**

⑥グループとしてうまく作業できたかどうかを判断する、評価方法を教える

子どもたちに、グループの手順を書き出すように指示します。279ページの活動例の「サポート・グループの手順」を参考にしてください。それぞれの手順の後に、サポート・グループが「手順をほとんど守った」「ときどき守った」「まったく守らなかった」のいずれかを書いていきます。

手順毎に、どうすればチーム・スキルを改善できるかを、グループで話し合います。「ほとんど守った」手順について話し合ってもらいましょう。どうしてうまくいったのかを自覚することで、成功した方法を評価の低かったグループに応用できます。

「子どもたちが共に作業する時間が長ければ長いほど、自分の作業に責任を持てば持つほど、彼らの学びは大きくなる」

活動の例

この活動では４人ずつの**サポート・グループ**で作業してもらいます。**サポート・グループ**のメンバーは先生が決めます。グループ作業をするのは、クラスメイトと話し合うと、新しいアイデアに対する理解が深まるからです。

お友達と作業することもあるでしょうし、そうでないこともあるでしょう。サポート仲間が誰であっても、お互いに助け合って責任を持って活動を行いましょう。だから**サポーター**と言うのです。

内容については、先生が説明します。それぞれの作業を誰が担当するかは、先生が決めるか、自分たちで決めてもらうかを、こちらから指示します。

サポート・グループの全員が、活動内容と、その理由をきちんと理解するように、話し合って進めてください。クラスの前で、サポート・グループが順番に発表するときには、先生がグループの中の１人だけを指名します。そのメンバーに、自分のサポート・グループの結果を説明してもらいますので、誰が指名されてもいいように、全員が状況をきちんと把握しておいてください。サポート・グループがいい結果を出せば、発表するあなたも気分がいいはずです！

プロペラは、どういう仕組になっている？

背景

プロペラがついている飛行機やヘリコプターがあります。ブレード（羽根）の形やピッチ（角度）が変わると、飛び方も変化します。

問題

・プロペラのブレードを、何通りに変化できますか？
・それぞれのデザインは、どのような飛び方をしますか？
・それぞれのデザインに対する、あなたの評価はどういうものですか？

サポート・グループの作業

資料担当　あなたの役割は、活動に必要な資料を揃えることと、決められた時間に適切な場所に戻すことです。

進行担当　あなたの役割は、グループのみんなが活動の各ステップを慎重かつ正確に進めるよう、確認することです。

記録担当　あなたの役割は、観察し、議事録をつくり、データを記録することです。サポート・グループに、活動の結果を記録するための用紙があることも確認します。

レポート担当　あなたの役割は、グループ・レポートをまとめることです。

資料

バインダー用紙、ハサミ、ペーパー・クリップ

ステップ

1　バインダー用紙を２インチ（約６センチ）幅に切る。
2　図１のように紙を切り、折る。
3　図２のように紙を持ち、手を離す。
4　ヘリコプターに変化をつけてみる。
5　観察し、それぞれの結果を記録する。

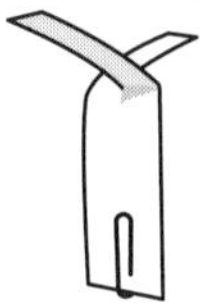
図１

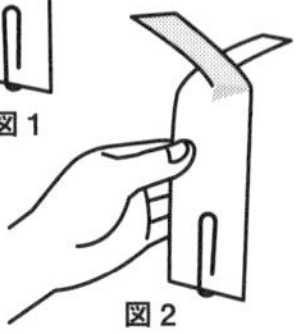
図２

サポート・グループの手順

・静かに速やかに、グループに分かれる。
・グループ単位でまとまった状態のままでいる。
・作業を行う。
・お互いに助け合う。
・上記のステップ通りに進める。

サポート・グループが責任を持って行うこと

1　**進行担当**は、作業を始める前に全員が活動の内容を読み、話し合ったことを確認します。全員が活動の目的、作業（ステップ）、自分がしなければならないこと（サポート・グループの手順と責任を持って行うこと）を把握しない限り、作業を始めてはいけません。

2　**資料担当**は、必要なものが揃っていることを確認します。

3　**記録担当**は、観察の結果を記録する用紙が準備できていることを確認します。議事録を書く用紙でも構いませんし、数字を記録する表でも、観察を記録するチャートでもいいでしょう。準備ができるまで作業を始めてはいけません。

4　**進行担当**は、グループが各ステップを着実に行うようにします。モデレーターが、議題に沿って会議を進めていくような感じです。

5　**サポート・グループ**のメンバーは、いつでもお互いを尊重して協力的な姿勢で、助け合います。

6　**サポート・グループ**は、記録担当が活動の結果を記録できるように協力します。

7　**レポート担当**はグループ・レポートをまとめます。全員が活動の目的、ステップ、結果を説明できることを確認しましょう。

全員が活動の目的と結果を説明できることを確認して、グループ・レポートにそれぞれ名前をサインしてください。

ありがとう！

10・計画を準備する

カリフォルニア州の教師、サラ・ジョンダルは、学級開きの日に、学級経営の行動計画をファイルに用意していました。準備には何か月もかかりましたが、この計画が功を奏し、サラの教師としてのキャリアは、最初から順調でした。

サラの計画には、学級開きの前に子どもたちに送る手紙も含まれています。自分のことに少し触れ、これからたくさんのことを学ぶということを子どもたちに期待させる内容です。その計画の中には、最初の宿題も登場します。

彼女は、学級開きに次のような計画を立てました。

■サラの計画①：ドアのところで、子ども一人ひとりを出迎える

・決められた席に座るよう指示する（アルファベット順）
・黒板に書かれた指示を読み、その通りにするように伝える（始業ベル課題）

■サラの計画②：子どもたちに、自分の方針を伝える

《教室での手順を教える》

・教室のルール、結果、褒美について教える
・教室で期待することを話す

教室で起こる主な問題には二つあり、それは「動き」と「騒音」です。サラはその問題について、学級開きの日に、両方とも見事に解決しています。朝、子どもたちが教室に入る、休み時間が終わって教室に戻る、教室から出るために並ぶ、昼食の準備、廊下を歩く、帰りの準備、すべてに手順があります。サラはそれを子どもたちに教え、手順がうまくできるように繰り返し練習したのです。

現在、サラは経験豊かな教師となり、次のように語っています。

「私の学級経営計画は、『the First Days of School』を読んで学んだ手順をもとにしています。初日から手順があり、それを子どもたちに教えたことで、クラスの指導はとてもうまくいきました」。

サラ・ジョンダルのような教師は、どんな学校でも成功します。教える学年や教科、学校が公立か私立かチャータースクール（市民団体などが設立・運営し、州政府などが公認

して援助するシステムの公立学校）か、伝統的か通年か、都心にあるか田舎にあるかなどは関係ありません。**成果を上げる教師は皆、学級経営を支え、学びの時間を最大限にする手順を持っています。**

11・サラのサンプル手順

ここに挙げるのは、新年度最初の1週間の、サラの手順や決まったやり方の一部です。**学級経営の計画を立てるとき、このリストからアイデアをもらいましょう！**

①教室に入る

子どもたちは静かに落ち着いて教室に入り、すぐに朝の決まったやり方で持ち物をしまって「ベル課題」に取り組みます。

②ベル課題

毎朝「ベル課題」が黒板やプロジェクターに掲示されています。子どもたちは教室に入ると課題に取り掛かります。

③クラスを静かにする

教師が手を上げると、子どもたちは静かになります。

④出席を確認する

一人の子どもに「出席管理者」の役割の手順を教えます。欠席の子どもがいる場合、「欠席ファイル」を欠席者の机の上に、その子どもが置きます。さっとクラスを見渡すと、誰が欠席なのかすぐにわかります。

⑤学級目標

毎朝子どもたちは、教室の前に貼り出してある学級目標を唱えます。全員が立ち、学級目標を揃って言い、1日を始めます。

⑥用紙の回収

机の並びによって、回収方法は変わります。机が列に並んでいる場合、子どもたちは用紙を横にまわします。テーブルに座っているときは、テーブルの中央に置きます。用紙を回収する係の子どもが歩いて用紙を集め、教室の前にある終了課題のバスケットに入れます。

⑦課題の提出

教室の前には二つのカゴがあります。一つには「**クラスの課題**」というラベルが、もう一つには「**宿題**」というラベルが貼ってあります。子どもたちは、適切なカゴに提出物を入れます。

⑧家庭からの連絡

家庭からの手紙などがあれば、「**家庭からの連絡**」というカゴに入れます。

⑨トイレ休憩

それぞれの子どもは、授業中にトイレに行って構いません。日々のスケジュール帳をパス代わりに使い、席を立つときに教師に日付を入れ、サインをしてもらいます。ただし、席を立つのは一人ずつとします。休憩時間と昼食のときには、自由にトイレに行って構いません。

⑩ランチを食べにいく

子どもたちは、外に出るドアのところで2列に並びます。「お弁当」と「学校のランチ」の列です。学校で昼食を買う子どもは、アルファベット順に並びます。その後、カフェテリアに向かいます。ランチ終了後は、アスファルトの上の教室番号の場所で待っていると、迎えにいきます（アスファルトの上に教室番号が書かれています）。

⑪カフェテリア

子どもたちは、教室のルールと同じようにカフェテリアの手順に従います。食事が終わると、席を片づけます。お行儀よく「お願いします」と「ありがとう」を言います。

⑫グループ学習

子どもたちはいつでも、教師の決めたグループで活動します。サポート・グループの手順を思い出すようにします。

1　自分の作業に責任を持ちます。
2　質問があれば「サポーター」に聞きます。
3　協力を求められたら、必ず協力します。

4　グループ全体で合意したら、教師に質問しても構いません。

⑬**係を決める**

クラスの係は、ラベルの貼ってある缶から、アイスキャンディーなどの棒を引いて決めます。缶の中には、下の方に名前が書かれた棒がクラス全員分入っています。何かを担当してもらう人を決めるときには、教師が棒を引きます。

⑭**作品（クラス課題）を乾かす**

子どもたちは教室の前に張ってある物干しロープに、自分の絵画作品などをとめます。のりや絵の具を乾かすためです。1日の終わりに、乾いた作品を「クラスの課題」と貼ってあるバスケットに重ねて入れます。

⑮**音量を下げる**

クラスの音量レベルを知らせるのに、交通信号を使います。交通信号の大きな切り抜きをクラスの前に掛けておきます。三つの黒く丸い穴には、それぞれフックがついていて、青、黄色、赤の丸い切り抜きをかけられるようになっています。「静かに」は赤、「ささやき声」は黄色、「自由なトークタイム」は青、と使い分けます。

授業中はクラシック音楽をかけます。子どもたちの話し声が、音楽よりも大きくならないようにします。

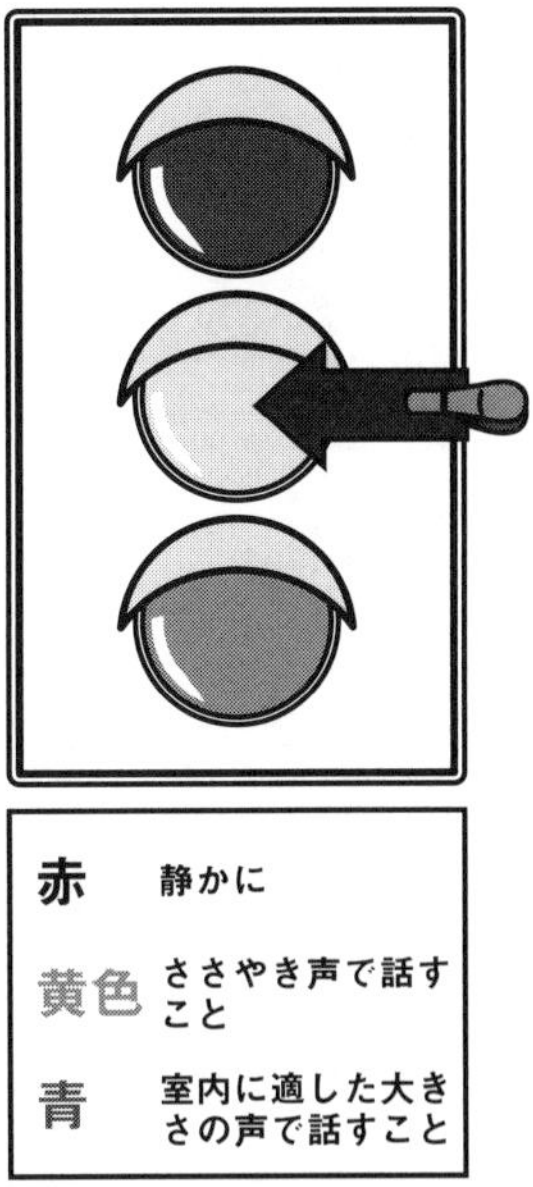

クリスティン・ダルダノの、学校の図書室での交通信号テクニック。

⑯家に手紙を持ち帰る

1日の終わりに、子どもたちが持ち帰る保護者宛の手紙は、それぞれの整理棚に入れておきます。その作業は、整理箱の管理を担当している子どもが行います。毎晩、子どもたちは責任を持って保護者に手紙を渡します。

⑰子どもが欠席のとき

子どもが欠席のときは、黄色いシールの貼ってある「欠席ファイル」がその子の机に置かれます。その日配られたプリントや家に持ち帰る手紙などは、ここにまとめておきます。学校に戻ると、子どもはファイルの中の課題をやらなければならないと、理解します。午後3時以降は、学校の事務室の棚に置いておき、保護者の方が取りに来たら渡せるようにしておきます。

⑱グループを変える／移動する

場所や、授業、活動などを変える前に、教師は「あと5分です」と声に出して注意を促します。時間になったら、様々な方法を使います。

1　音楽をかける。
2　教師が特定のリズムパターンで指を鳴らす／手を叩く。
3　ベルを鳴らす。

子どもたちは、それぞれの合図の意味をくみとり、静かに素早く動きます。

⑲教師がクラスにいないとき

教師がクラスにいないときも、子どもたちは学習を続けます。教室のルールや手順も守られます。何かあれば、指導助手や隣のクラスの教師に指示を仰ぎます。

⑳1日の終わり

毎日、1日の終わりには、その日あったことをまとめたメッセージを読みます。選ばれた一人の子どもがメッセージを読み、クラス全員が続きます。メッセージは日中に教師が準備をしておき、人数分のコピーをとります。持ち帰って保護者にも読んでもらいます。保護者にこれからの予定や重要な情報を知らせたり、子どもたちの学校での様子を知ってもらうのに、いい方法です。

㉑「ありがとう」を言う

いつでも、お互いに「ありがとう」と言い合うようにしましょう。「～してもらえる？／お願いします」も同様にいつでも言うようにします。

㉒授業の終わりの解散

チャイムが鳴っても、授業は終わりではありません。終わりにするのは、教師です。一人ずつ、あるいはグループとして、教師の許可が出たらはじめて席を立ちます。

㉓移動

遠足などの校外活動のときも、学校のルールや教室の手順を守ります。スクールバスに向かうときや、降りてから学校に戻るときは、「廊下での手順」と同じように従います。バスや車に乗っているときは席に座り、車内を傷つけるようなことはしません。常にシートベルトを着用します。乗り物の中では、いつでも小さな声で話します。運転手がいいと言わない限り、飲食は禁止です。

教師としての成功は、学級経営をうまくできているかどうかに直結します。サラ・ジョンダルは、成功している、成果を上げるすばらしい教師の例です。

12・クラスは自然とうまくいく

クラスを体系立て、子どもたちに責任感を持たせることができれば、学校で最高のクラスになります。子どもたちは大好きなこと、興味をひかれること、挑戦してみたいことにどんどん取り組みます。あなたも放課後に学校をあとにするとき、仮に明日学校に来られなかったとしても、「クラスは自然とうまくまわる」と安心していられます。

「成果を上げられない教師は、学級開きで教科を教えようとして、その後1年中、子どものあとを追いかけまわすことになってしまう。成果を上げる教師は、最初の1週間のほとんどを、教室内での手順を教えることに費やしている」

子どもたちが教室の運営の仕方を理解すると、あなたがやってほしいと思うことに、より熱心に取り組むようになります。そうすれば、ワクワクした雰囲気に満ちた意欲的なクラスになります。手順や決まったやり方で学級経営は自然とうまくいくので、子どもたちの学びの時間は最大限有効に使われます。

成果を上げる教師は…

1 手順と決まったやり方でクラスを体系立てる

2 教室での手順、授業での手順を教える

3 クラスが自然とうまくまわる

CHAPTER 4

第三の特徴——「授業を極める」

成果を上げる教師は、子どもの学びを確かなものにするための授業デザインの方法を知っている

Ⅰ 成果を上げる課題のつくり方

THE KEY IDEA

授業の組み立てがすばらしく、何を達成すべきかが明確なほど、子どもたちの達成率は上がる

1・学びの基本

「学びとは、教師が授業で扱う範囲ではない。子どもが何を達成するかである」

私たち教師には、子どもたちに知らないことを教えること、しかも**上手に教える責任があります**。政治家、マスコミ、保護者、それに子どもたち自身もよいカリキュラムを求め

ています。学ぶということ。人類の未来はそこにかかっています。子どもたちが学校に通う理由も一つだけ、それは学ぶことです。

CHAPTER 3のⅨとⅩでは手順と決まったやり方について解説したので、最も大切な「項」と述べました。**本章は、本書の中で最も重要な「章」になります。ここでは、子どもたちに学びと達成をもたらす方法を示します。**

これまで述べてきたようにあなたが高い期待を持ち、学級経営のスキルを身に付けていれば、子どもたちが学校で学ぶ知識やスキルを教える準備ができているということです。**子どもたちと信頼関係を築き、安全かつ体系立ったクラスをつくって初めて知識やスキルを教えることができるのです。**

成果を上げる教師は、次のことを身に付けています。

・子どもたちに**教える**（4・Ⅰ）**指示**――学びのために教師が何をするか
・子どもたちに**テスト**をする（4・Ⅱ）
・子どもたちの評価をする（4・Ⅲ）**評価**――子どもたちの学びを評価するために教師が何をするか
・子どもたちの学びを**促す**（4・Ⅳ）

成果を上げる教師は、常に学び手に意識を向けています。学び手とは、すなわち子どもたちで、必ず学ばなくてはなりません。そのためには、教師は子どもを変えるような指示を出すことが求められます。**よい指示には、学びを確かにする点において、子どもの家族のバックグラウンド、収入、人種、性別などの要因より15～20倍もの効果があります。**[28]

「子どもたちの学びが、学校でのあらゆる判断の中心でなくてはならない」

また、研究では、子どもの学びについて次のような結果が出ています。

・マイク・シュモーカーは言っています。「堅実な指導基準を設け、実際にその通りに教えると、すぐにでも学びの達成は向上します」[29]。

・ロバート・マルツァーノは、子どもの達成に影響を与えるものの研究について、次のように言います。「要は何を教わるかです！」[30]。

・ペンシルベニア大学のアンディー・ポーターは言います。「達成の最も強力な予測変数は、何を教わるかです」[31]。

学校が存在するのも、教師が雇われるのも、目的は一つです――**子どもたちの学びを助**

けるためです。

教師は、子どもたちに理解して学んでもらう責任を負っています。そのための手段は、一つではありません。学級経営と同じように、子どもたちにあなたが望むことを達成してもらうための正解は一つではありません。多くの選択肢がありますが、元となる基本情報はあります。それが本章の目的です。学びの熟達のため、すべての教師が知っておくべき「基本を伝授する」ことです。

本章では子どもたちが、学び、理解、熟達されたことを示す**「課題のつくり方」**を説明していきます。

2・よくない課題とは？

「教育とは、要は子どもの学びである。
子どもが課題に向かわなければ、学びは起こり得ない」

教師が子どもに課題を与え、その課題の達成を望むことはごく一般的なことです。ですが、子どもたち全員が課題をきちんと最後までやり遂げるわけではありません。その課題について理解できなかったり、やる理由がわからなかったりするのです。どちらの場合でも、問題は課題そのものにあるのかもしれません。

たとえば、教師はこう言います。

「課題は第7章です。金曜日には第7章全体を範囲にしたテストをやります」。

第7章？　子どもたちは、それが何を意味するのか見当もつきません。教師から日頃、子どもの教育に関わってもらうようお願いされている保護者にとっても、何のことだかわからないでしょう。

このような提示の仕方は、教師が決めた範囲を伝えるだけで終わっています。「第7章」は学びを深める課題ではないばかりか、そもそも課題とも言えません。ただ、章番号を発表したにすぎないのです。さらに次のような課題の提示も、よくありません。

・教科書の143ページを開いてください
・404～413ページ
・設問9～19

・『白鯨』
・ビザンティン時代についてレポートを書くこと
・長除法
・このワークシートをやってください
・このビデオを観てください
・グループに分かれてください

何を学ぶべきなのかが説明されないと、子どもたちが学習を達成することは難しくなります。指導に関する基準、学ぶ目的、活動など、これらには必ず理由があります。何を学ぶか伝えないということは、「目隠しをして闇雲に矢を放ち、存在しない的に一本でも当たればいい」と願うようなものなのです。

子どもたちが何を学ぶべきなのか見当がつかず、教師は何を教えればよいのか理解していないのなら、学びは起こらないのです。

子どもたちが毎日教室に来て、「今日は何をするの？」「今日は大事なこと、何かする？」というちょっとイライラするような質問をする理由も、そこにあります。子どもたちを責めてはいけません。なぜなら、本当にわからないからです。子どもたちの中には、よくない課題を「謎の学び」と言う子どももいます。

成果を上げられない教師は、日々、次は何をしようかとつまずきます。子どもたちは、「どうしてこれをやるの？」と聞いてきます。あるいは一斉に「つまんない」と言ったりします。そうなると、学びがなされず、問題行動が起こってきます。

教えなければ、子どもたちは学ばないというのは常識です。営業マンが、顧客が検討しているよりも質のよい高価な商品をすすめなければ、顧客がそれを買うことはありません。野球のピッチャーがボールを投げなければ、バッターは打つことはできません。結婚式を行うとき、招待状を出さなければ、招待客は参列しません！

こう自問するのは、やめましょう。

「どのビデオを観せよう？　何の活動をしよう？　どのプリントを配ろう？」。

こうした質問で、作業をするのは教師だけです。そしてテストの点数が悪いと（おそらくそうなるでしょうが）、怒って子どもたちのせいにします。「出題範囲はきちんと教えた。子どもたちが学ばないのは私の責任ではない」と。

教師は、次のことに基づく質問をすべきなのです。

・子どもたちに何を学んでもらいたいのだろうか？
・子どもたちに何を達成してもらいたいのだろうか？

何を学んでほしいのか、何を達成してほしいのかを子どもたちに伝えます。そうすれば子どもは、自然と自分の学びに責任を持ちます。**何を学べばいいのかがわかると、「謎の学び」は「熟達」へと変わります。**

「学び」とは、教師が授業で扱う範囲ではありません。**「子どもが何を達成するか」です。**教師の役割は、**「学び」を引き出すことです。**成果を上げる教師は、何を達成してもらいたいかを、あらかじめ明確にしているのです。

3・子どもを変える課題をつくるための四つのステップ

「課題」という言葉を考えてみてください。誰かにタスクを課するという意味で、タスクは最終的に結果として目に見える形にならなくてはなりません。たとえば、アシスタントに「この文書を入力して、私に戻してください。サインしますから」と言います。文書は何回か行ったり来たりするかもしれませんが、アシスタントへの指示は、「正確な文書を完成させること」という明確なものです。

■子どもを変える課題をつくるための四つのステップ

1　子どもに何を達成してほしいか決める。

2　子どもたちそれぞれが「達成すること」を1文にして書き出す。

3　子どもたちにこの文章をコピーして渡す。

4　この文章を家に郵送するか、子どもたちに持って帰らせる。

もう一つ例を挙げます。ベーカリーショップに行って、ウェディング・ケーキについて質問したとします。お店の人は商品ファイルを見せてくれて、そこには様々な種類のケーキの写真があります。あなたは欲しいケーキを選ぶと、次のように言います。「7月18日の土曜日、午後3時に教会のホールに届けてください」。特定の品物を、特定の日時に、特定の場所に届けるという明確な指示です。

同じように、子どもが何をして何を学ぶかを明確にするのが、教室でのよい指示になります。

STEP 1 子どもに何を達成してほしいか決める。「私は子どもたちに何を学んでほしいのだろうか?」と繰り返し自問します。「範囲をどこまで終わらせよう?」ではありません。

質問の答えには、学校や地域のカリキュラム・ガイドを参照します。州の指導基準と合わせて何を学ぶべきかを考えましょう。**指導基準は、子どもが達成すべきことを明らかにするもので、ほとんどの州で設定されています。**ヴァージニア州ではStandards of Learning(SOL)と呼ばれ、アリゾナ州ではArizona's Instrument to Measure Standards(AIMS)と呼ばれています。

指導基準はカリキュラムの土台です。教師に、子どもたちが何を達成すべきかを明らかにし、学習内容の教え方をすすめてくれます。教職についたら、まず、指導のためのカリキュラム・ガイドを参照しましょう。

現在、子どもたちに何を教えればいいのか、情報をあまり持たない新任教師が多すぎます。カリキュラムや、入手可能な資料について十分な情報がないため、それに目を通すこともなく、子どもたちが次の学年に進むまでに何を学ぶべきなのかを知らずに、クラスの鍵を渡され、教えるように言われてしまうのです。

ハーバード大学の研究グループ、「次世代の教師についてのプロジェクト(The Project

on the Next Generation of Teachers)」によると、次のことが明らかになっています。

明確な運用カリキュラムを持って指導を始めた教師は、ほとんどいませんでした。州の指導基準に則ったカリキュラムを受け取った教師は、さらに少数でした。[32]

こうしたことは、すぐに改善することができます。各教科、各学年に応じた地域のカリキュラム・ガイドを、どのように取り入れたらいいか、新任教師に指導すればいいのです。

STEP 2 子どもたちそれぞれが「達成すること」を1文にして書き出す。達成することを教えるには、何を達成すべきなのかをはっきりと書いた文章にします。これを「目標」、あるいは「学習基準」と言います。

「目標とは、教師が学ぶべき、理解すべき、熟達すべきと決めたことを、子どもが達成するために行うべきことである」

4・授業の目標は、学びの志

「目標があると、子どもたちは授業の目的を予測し、意識し、理解する」

目標を意識するのとしないのとでは、子どもの学びに雲泥の差が出ます。ケビン・ワイズとジェームズ・オーキーの研究では、「成果を上げる学級では、子どもたちが授業の目標、その目標に対しての進捗を知らされていた[33]」と言います。つまり、何を学んでいるのかがわかると、子どもたちは実際にそれを習得する可能性が高まるのです。

目標は教室での、学びのねらいと言えます。子どもたちは、学習内容の何を目指しているのかがわかれば、自らの学びに責任を持つようになります。

教師と子どもが同じターゲット、ゴール、目標に向かえば、学びは実践されます。

子どもたちには、課題を提示するときに目標も明らかにしましょう。初めから、責任を持って達成するよう、伝えます。

目標は、授業にねらいを持たせます。どこに向かっているのか、何をしているのかをわかっていると、子どもたちは多くを成し遂げます。

目標は、教師にとっても大切です。何を教えるべきかを明確にします。最終的な結果をイメージしていると、子どもを変えるような課題が生まれてきます。

目標には、二つのねらいがあります。

> 1 **目標があると、子どもたちは何を成し遂げればよいのかわかる。**
> 2 **目標があると、教師は何を教えればよいのかわかる。**

子どもたちと教師が同じゴールに向かって進めば、学びが深まる確率は高まります。

目標は、「**実践されるべき行動を表す動詞**」で始まるようにします。課題に使う言葉で一番大切なのは、動詞です。達成されたかどうかがはっきりわかる言葉だからです。

「学びのための指導には、『言葉』を使うこと。
学びが実践されたことを示す動詞は、特に大切である」

動詞は「行動の言葉」、あるいは「考える言葉」とも言えるでしょう。次ページの表では、指導に適切な動詞の例をレベル分けして示しています。これはシカゴ大学のベンジャミン・ブルーム博士の研究をもとにした表で、「ブルームの目標分類学（Bloom's Taxonomy）」[34]として知られています。

1 知識	2 理解	3 応用	4 分析	5 統合	6 評価

■課題に取り入れることを考える言葉

ブルームは便利な動詞を6つのカテゴリーに分類しました。それぞれに、課題を完成するのに必要な特定の考えるスキルが想起できるようになっています。こうした動詞を使うことで、子どもたちは何をすればいいのかがわかります。

6 評価	査定する、選ぶ、比較する、結論づける、決める、弁護する、意見を言う、判断する、正当化する、優先順位をつける、ランクを付ける、見積もる、抜粋する、指示する、尊重する
5 統合	変える、組み合わせる、組成する、組み立てる、創造する、デザインする、通常とは違うやり方を見つける、考案する、生み出す、発明する、編み出す、計画する、予測する、装う、制作する、配列を変える、再現する、立て直す、見直す、提案する、推定する、思い浮かべる、書く
4 分析	分析する、分類する、格付けする、比べる、対比する、議論する、減らす、要素を検討する、究明する、図解する、差別化する、解剖する、識別する、検討する、推定する、特定する
3 適用	適用する、計算する、結論を出す、案出する、実演してみせる、決意する、描く、探し出す、例を挙げる、解説する、つくる、運営する、見せる、ルールや指針を示す、使う
2 理解	変換する、描写する、説明する、解釈する、言い換える、優先度順に並べる、再び述べる、自分の言葉で言い直す、描き直す、要約する、たどる、通訳する
1 知識	定義する、空欄をうめる、確認する、ラベルを貼る、置く、結び付ける、暗記する、名前をつける、思い出す、つづる、宣言する、言う、強調する

■課題で期待される、子どもの考え方

課題を出すことで、子どもたちにどのレベルの考え方を求めるかは、あなたが選ぶ動詞で決まります。「知識」から「評価」へと進むとき、必要とされる考え方は徐々に複雑になっていきます。

6 評価	一定の基準をもとに、子どもに判断させるときにこうした動詞を使いましょう。 ➡この考え方のスキルは、子どもが特定の基準をもとに、査定する、評価する、批判することができることを示します。
5 統合	断片的な情報から子どもに独自のものを生み出させるときに、こうした動詞を使いましょう。 ➡この考え方のスキルは、子どもが断片的な知識を編み出し、組み合わせ、統合し、新たな製品、計画、提案へと発展できることを示します。
4 分析	子どもが部分や関係性を理解したことを表現させるのに、こうした動詞を使いましょう。 ➡この考え方のスキルは、子どもが検討し、参加し、格付けし、先を読み、結論を出すことができることを示します。
3 応用	子どもに、学んだことを新しい状況で使わせるときにこうした動詞を使いましょう。 ➡この考え方のスキルは、子どもが選択された情報を、最小限の指示で実際の問題や新たなタスクへと変換できることを示します。
2 理解	理解したかどうかを子どもに表明させるのに、こうした動詞を使いましょう。 ➡この考え方のスキルは、学ぶ前に子どもが把握し、意味を読み取れることを示します。
1 知識	子どもに、情報を思い出させるときにこうした動詞を使いましょう。 ➡この考え方のスキルは、子どもが情報や概念、アイデアをほぼ教わった状態のまま思い出し、認識することができることを示します。

5・達成すべき目標

目標や基準は、二つのことを達成するために定められます。課すことと、評価することです（評価については4・Ⅲ（342ページ）で説明しています）。

1　課す：目標があると、子どもは何を理解すべきか、何を習得すべきかがわかります。

2　評価する：目標があると、教師は習得のために追加の学習が必要かどうかを知ることができます。

目標は、それぞれ1文で始めましょう。目標の例には、次のようなものがあります。

・消化器の名前を順にあげなさい。
・重要な学習スキルについての、クラスでの話合いを要約してください。
・ピザ・パーティーを計画してください。
・箱の中身を分類してください。
・物語に、新たな結末をつくりだしましょう。
・地球温暖化の影響を判断してください。

6・いつ、どのように目標を設定すればいいのか

目標は、あなたが子どもに何を達成してほしいかを示すものです。**子どもたちは、授業、課題、活動が始まる前に、何を学ぶことが求められているのかを、知る必要があります。**

目標は、授業が始まる前に設定しておくべきものです。教師が何を教え、何を評価すべきかを決めるものだからです。

目標は、授業が始まるときに子どもたちに伝えます。何を学ぶ責任があり、何をテストされるのかを、子どもたちは知っておかなければなりません。

目標を設定するのは簡単です。やるべきことは次の二つだけです。

①動詞を選ぶ

308ページのリストを参照し、文章の冒頭に持ってくる動詞を選びます。

教えたいこと、教えるべきことを把握しているのはあなただけなので、どの動詞を選ぶかはあなた次第です。子どもたちがどのレベルにいるか、どのくらい準備できているかを

把握しているのもあなたです。したがって、子どもたちに次は何をすべきかを知っているのもあなただけなのです。

一つのカテゴリーから、すべての動詞を選ぶのは避けましょう。子どもたちは一つのレベルでしか、考えることをしなくなります。

■目標は、動詞から始まる：動詞は行動の言葉で、二つのことを実現する

1　動詞は、子どもが達成すべきことを表す。

2　動詞は教師に、指示したことを子どもが達成したかどうかを表す。

②文章を完結させる

次にすべきことは、目標の文章を完結させることです。動詞はどんな行動を取るべきかを示し、文章の残りの部分は、達成すべきこと、習得すべきことを表します。

文章は、あなた、子どもたち、保護者にとって、明確でわかりやすいものにします。

次のような動詞は適切ではありません。子どもたちが何をすればいいのか判断できないか、判断するのが難しいからです。ブルームのリストにもありません。目標設定に、こうした動詞を使うのは避けましょう。

意識する、楽しむ、美しくする、愛する、幸せになる、好きになる、祝う、わかる

目標は、読んですぐに理解できることが大切です。**わかりやすい文章であればあるほど、子どもたちが意図されたことを行う可能性が高くなります。**

目標は、あいまいさのない明確でわかりやすいものにし、子どもに親しみやすい言葉を使い、テストと整合性を持たせます。次の文章は、とある小学生向けの理科のプログラムから引用したものですが、複雑で目標としては適切ではありません。

同じ皿に生息している2種類のカビについて、子どもたちはカビ同士の接触面の抑制反応を描写するようにする。

子どもに何を達成してもらいたいのか、目標を明確にしましょう。この目標は、次のように言い換えられます。

2種類のカビが一緒に育ったらどうなるか、説明する。

目標は必ずしも書いて提示しなくてもよく、口頭で伝えるだけでも構いません。小学校低学年や特別な状況では、特にそのほうが便利でしょう。また、すべての目標を一度に伝えなくても大丈夫です。小学生の子どもたちには、目標は一度に一つか二つだけを伝えるほうが適切かもしれません。

何よりも大切なのは、常に目標に立ち返り、クラスが正しい方向に進んでいるかを確認することです。

たとえば車を運転しているのであれば、常に地図を確認します。家を建てているのであれば、設計図を確認します。会議に参加しているのであれば、プログラムを見て、次のセッションの議題や場所を確認します。

学校では、新年度が始まってから1か月ほど経つと、オープンハウス（参観）を実施するのが一般的です。保護者に「子どもの課題は何でしょうか、どうしたら理解できるようになるでしょうか？」と聞かれたら、あなたがどのように課題を与えているかを伝えましょう。

保護者に目標を見せるときには、地図や設計図、買い物リスト、議題などにたとえましょう。そうすれば、保護者はあなたが何を教えているのかがわかります。何を教えているのかをよく理解してもらえれば、保護者は子どもたちの学びの手助けをしてくれます。

授業の目標が地域や州の教育基準と整合すると、照準が合うことになります。子どもが学ぶこと、あなたが教えることが、教育基準にきれいに当てはまります。

STEP 3 子どもたちにこの文章をコピーして渡す。

「責任を持って学ぶべき目標があれば、子どもたちは主体的になる」

■子どもに達成をもたらす、「学習ガイドライン」の利用法

1　最初に子どもに課題を出すときには、「学習ガイドライン」の概念を説明しましょう。課題を完成させるのに、あなたが準備したガイドラインです。あなたは、子どもたちの成功を願うガイド役を担います。

2　地図やプログラム、議題、買い物リストなどのたとえを使い、学習ガイドラインの役割を説明します。たとえば、旅人は目的地にたどり着くために地図を使うことを話し、

文章の一つひとつがユニットを勉強する案内になっていると説明します。「ユーザー・フレンドリー」に示し、威嚇するようなことはしません。

3　子どもたちに、学習ガイドラインをうまく活用するには、勉強している教科書やワークシート、ノートなどの横に置いておくことを伝えます。保護者が運転するときに地図を使うように、学習ガイドラインを使わせます。

4　子どもたちに、授業の主題は一番上の横線2本の間に書いてあることだと伝えます。課題を行うときには、そのことを意識させます（「24章」「少数」「中東」などという意味のよくわからない課題ではなく）。

5　学習ガイドラインの、番号を振ってある文章を示します。目標という言葉を使う必要はありませんが、使っても構いません。子どもたちが責任を持って行うべきことが示されていること、それぞれを習熟することで重要なことが理解できると伝えます。

6　子どもたちに、文章それぞれが、テストでの設問の主題になることも説明します。それぞれの文章、目標についての理解と習熟を見るためにテストを行うのです（Ⅲ・342ページ参照）。

学習ガイドラインは子どもと保護者に、授業で示される概念の習熟とは何を意味するの

か、理解してもらうのに役立ちます。

STEP 4 この文章を家に郵送するか、子どもたちに持って帰らせる。

■目標は、授業のねらい

・黒板に目標を書きます。子どもたちは、なぜ、この学習を行っているかを理解していると、授業や活動に熱心に取り組みます。
・授業の初めに目標を示しましょう。そうすることでクラス全員が、何をしているのかを理解します。
・授業中も目標に立ち返り、子どもたちにそれぞれの理解を確認させます。そうすることで、わからないということに気づくことができます。
・授業の終わりにも目標に触れ、子どもたちが今日の学びを意識できるようにします。

7・追加で指示が必要な子どもに対しては？

目標を伝えることで、自ら責任を持って取り組んでくれる平均的、あるいは平均以上の子どもたちがいます。将来は教師や小売業者、会社役員などになり、計画からプロジェクトの達成まですばらしい結果を生み出すでしょう。**彼らは自ら問題を解決し、目標を達成します。何をすればいいのか、指示はいりません！**

ですが、現実の多くの子どもたち（それに大人も）は、指示してもらわなければ、どうすればいいのかわかりません。その子たちが、平均以下だというわけではありません。背景知識がなかったり、言葉の問題や文化的な障壁があったりする子どももいます。

こうした子どもたちには、目標それぞれについて具体的な質問や手順を書き出します。

次に挙げるのは、指示を追加する一例です。

■目標
種類の違う栄養素の例を挙げること。

■追加する質問
1　種類の違う栄養素を挙げなさい。
2　タンパク質を説明し、例を挙げなさい。
3　炭水化物を説明し、例を挙げなさい。
4　脂肪を説明し、例を挙げなさい。
5　どうしてタンパク質が身体にとって大事なのか説明しなさい。
6　どうして炭水化物が身体にとって大事なのか説明しなさい。
7　どうして脂肪が身体にとって大事なのか説明しなさい。

■追加するタスク
さらに指示が必要な子どもには、それぞれの質問のあとに答えが出ているページ番号や場所を書き入れます。

8・子どもたちに、課題に取り組ませるポイント

■目標を設定するときの三つの要素
1　構成——　一定のフォーマットを使うこと
2　正確さ——　簡潔なわかりやすい文章を使うこと
3　達成——　何を達成すべきかを明確にすること

繰り返しになりますが、子どもたちが課題により最大限に成長し、あなたが教師として最大限に成果を上げるためには、次の三つを行います。
1　「範囲を終える」のではなく、目標をもとに課題を設定しましょう。
2　目標は簡潔にはっきりと書き、保護者などが見ても理解できるものにします。
3　目標は前もって示し、子どもたちが責任を持って達成すべきことがわかるようにします。

成果を上げる教師は…

1　子どもたちが何を達成すべきかを示す目標を設定している
2　地域や州の教育水準と合った、目標を設定している
3　ブルームの目標分類額における、六つのレベルすべてにおいて目標を設定している
4　子どもたちが達成すべき目標を掲示している

Ⅱ　学びを促すテストとは

THE KEY IDEA　テストの目的は、子どもが目標としていたことを習得したかどうか判断すること

1・テストの目的

「テストを行う主な理由は、課題の目標を子どもが達成したかどうかを見ることである」

目標は、授業が始まる前に設定されるべきものです。「子どもたちが何を学ぶのか」「教師が何を教えるのか」を示すものだからです。

「テストも、子どもの学びを評価するのに使うため、
授業前に作成しておくべきものである」

授業の初めに子どもたちに目標を知らせ、子どもたちに責任を持って達成すべきことを理解させます。子どもたちは何を学ぶのかがわかるので、目標を知りたがります。何を元に評価されるのかも、目標があればわかります。テストは、目標に沿って出題されるからです。

テストが、目標を決めるのではありません。目標が、テストを決めるのです。子どもたちが目標を好むのは、授業の目的を「一口サイズの塊」として把握できるからです。学びを評価する際にテストがつくれないとしたら、学びを測るのに、目標の設定の仕方が正しくなかったことになります。

本章ではテストの組み立て方と、目標の達成を評価するためにどのようにテストを使うかを述べていきます。

2・いつテストをつくるか

「課題もテストも同時に――相前後して――課題の初めにつくるべきものである」

課題とテストは相互に関係するので、**同じタイミングでつくらなければなりません。**テストは学びの進捗度合いを見て、評価するためのものです。教師が資料の範囲を終えたことを確認するためだけに、実施すべきものではありません。**子どもが授業の目的を達成したか、理解したかを判断するために使います。**

次のような理由でテストを行ってはいけません。

・時間が経過したから
・資料作成が終わったから
・相対評価をするため
・コマを埋めるため

■時間が経過したから：学びと時間の区切りは、関係がありません。評価の期間だから、あるいは、2週間経ったからテストをする、というのは適切ではありません。成績表のための評価が必要であれば、テストではなく課題設定の時期を考え直すべきです。

■資料作成が終わったから：「十分な分量の資料が終わった」という、単純にそれだけの理由でテストの時期を決めるべきではありません。資料の量ではなく、あなたの基準でいつテストを行うか、決めましょう。

■相対評価をするため：気まぐれに「それぞれのテストは50ポイントとして、相対評価ができるようにする」などと言うのは間違っています。子ども同士を比較するのがテストの目的ではありません。それぞれの子どもが学ぶ必要があることを、判断するのに役立つのがテストです。

■コマを埋めるため：テストの出題数は、授業時間の長さによって決めるべきではありません。テストの長さはそれぞれのタスクに応じて決め、出題数は子どもができること、知っていることを評価するのに必要な数にすべきです。

3・いつテストをするか

課題には、レッスン、章、ユニット、あるいはトピックなど様々な呼び方があるでしょう。どういう呼び方でも構いませんが、課題ごとに達成を目指すとともに、それに応じてテストも行います。

・課題には、子どもが達成すべきことをはっきりと示した目標を設定します。
・それぞれの課題には、目標に関する質問を書き出します。
・テストは、目標を設定するのと同じタイミングで、初めの段階につくられるべきです。
・テストは、子どもたちが課題を終えた時点で行います。

4・テストのつくりかた

どの設問も、必ず目標と符号するようにします。そうすればテストをつくるのは簡単です。**それぞれの目標に対し、質問を書けばいいのです。**

「テストの設問内容と数は、目標によって決まっていく」

テストの目的は、授業の目標を子どもがどの程度学習したかを判断することです。わかりやすく説明するために、ここでは紙に書いたテストを挙げていますが、テストは書いたものでなくても構いません。音楽の実演ということもありえますし、口頭での反応、プロジェクトや作品をつくることも考えられます。**どんなものでも、授業の目標と関係のあるものにすることが大切です。**

STEP 1 **どんなテストも、ベースは課題の目標です。**テストを作成するときには、これまでの目標を手元に置いておきましょう。

STEP 2 目標を見ます。その目標に関する質問を書き出します。質問は一つだけにしないようにします。子どもが答えを推測できるようでは、子どもが目標を理解したかどうかわかりません。

STEP 3 質問の形式はどんなものでも構いません。必ずしも質問でなくても構いません。子どもにスキルを発表させたり、つくったモノを提示させたりといったことも考えられます。

STEP 4 残りの目標についてステップ1～3を繰り返します。それぞれの目標につき、一連の質問をつくり終えたら、テストは完成です。

たとえば、ある教師がつくったテストは、四つのパーツから成っています。

1 **概念**：授業の重要なポイント。
2 **目標**：子どもが責任を持って達成すべきタスク。
3 **設問**：目標に沿った設問。
4 **改善**：次のセクション「修正のツールとしてのテスト」で、この情報を子どもの学びに

テスト作成の2つの例	
目標 科学的方法のステップをリストにする。	**目標** 「y」で終わる言葉を複数形に換える。
テストの設問 次のうち、科学的方法のステップはどれでしょう？ a　観察、実験、仮説 b　実験、研究、結論 c　仮説、思考、観察 d　データ収集、方針の確率、結論づけ	**テストの設問** pony　battery　key party　decoy　sky play

活用する方法を説明します。

ステップ1～4で完成したテストは、**目標基準準拠テスト**と呼ばれるものです。ほとんどの教師が無意識に作成しているのは、**集団基準準拠テスト**になります。この二つのタイプには、大きな違いがあります。

●目標基準準拠テストでは、設問は事前に定められた基準や目標に沿って作成されます。子どもたちは責任を持って学ぶべき基準を知っているので、パーセント成績システムを採用すべきです。目標基準準拠テストでは、子どもたちが競争する相手は自分自身だけです。たとえば93％正解すれば、成績はAになることがわかっているからです。

●集団基準準拠テストでは、子どもが正規分布曲線上のどの位置にいるかを判断します。集団基準準拠テストは、ランキングに使われます。たとえばチームの中の位置を判断するときや、学校の入学試験で、あるいは組織図での位置などを表すときなどです。

集団基準準拠テストは、クラスのランクを判断しようとするときやチームのスターティングメンバーを選ぶときなどに有効です。**ですが授業をするのは、ランクづけのためではありません。学習到達のために教えているのであり、子どもたち全員が目標に到達してほしいと思っています。**

「教師の一番の役割は、子どもに成績をつけることではない。子どもができるだけ高いレベルでの学びを達成する手助けをすることである。また、そのためには、目標を設定して目標基準準拠テストを使うべきである」

5・修正ツールとしてのテスト

あなたが病院に行って帰ってきたとします。友人や家族が次のように聞きます。「今日は何をしたの?」。あなたは答えます。「お医者さんが検査(テスト)をしたの」。お医者さんは、あなたを分布曲線上のどこにいるか、成績をつけるということをしているわけではありません。医療検査の結果を待ち、結果が出たら、あなたの健康を回復するために何をすればいいのかを判断しているということです。

目標基準準拠テストは、同じように、診断をするのに使います。**テストの結果を見て、子どもに手助けが必要かどうかを判断するのです。**

修正するなり補習を行うなりしないと、時間が経つにつれて学びに影響が出てきます。人生における他のことと同じです。たとえば風邪をひいた、喫煙習慣がある、などは治さないとひどくなる一方です。

子どもたちはある単元を学習した後、その多くは10～20％しか記憶していないという報告もあるようです。成果を上げられない教師が、駆け足で授業を進め、成績表のためにテストを行った結果です。そしてテストが終わると、理解ができていなかった子どもへの配慮をせず、次の章へと進んでいきます。

成果を上げる教師なら、どうするのでしょうか？

6・子どもが設問に正解しなかったら

子どもがある設問を間違えたら、正しく理解する「手助け」をしましょう。たとえば、ある子どもが、次に示すテストを間違えたとします。

設問6　(3－1B)　次のうち、科学的方法のステップはどれでしょう？

a　観察、実験、仮説

b　実験、研究、結論
c　仮説、思考、観察
d　データ収集、方針の確率、結論づけ

テストは、教師のためではなく子どもたちのために実施するものです。成績をつけるための点数を集めるのが目的ではありません。**テストの目的は、子どもが学んだこと、学んでいないことを教師が把握することです。**

7・テストはすべて成績に反映すべきか？

目標基準準拠テストと集団基準準拠テストには、2種類あります。**「形成的テスト」と「総括的テスト」**です。

設問する際のきまりの例

→ 3-1B ←	
3＝目標 目標との相関関係 最初の番号は、設問がどの目標に呼応するかを示しています。つまり、子どもが目標3を理解しているのか、いないのかがわかります。	1B＝補習 2つめの番号は、正解は1章のセクションBにあるかもしれないという意味です。子どもに、そのセクションを見直すように言うか、同じ情報を載せた別の用紙を見せます。形を変えたほうが効果的に学べることもあります。

●形成的テストはドリルや練習問題のようなものです。形成的で発展的、子どもたちが目標を習得している過程で実施されるものです。目標をあなたがきちんと伝えているか、子どもたちが学んでいるかを把握するためのものです。**形成的テストは、子どもが内容、スキル、目標を習得するのに、修正が必要かどうかを判断するのに使われます。**

●総括的テストは、単元が終わったとき、あなたが子どもの学んだことをまとめ・整理し、成績に結び付けるときに実施します。

子どもたちにはあらかじめ、どのテストが練習問題で、どのテストが評価の対象になるかを伝えておきましょう。

統括的テストを行った後で、特定の目標を子どもが習得していなかったら、補習を行います。形を変えたり、他の方法で説明したりして、子どもが別のアプローチから目標を学べるようにします。

子どもが補習を終えたら、形成的テストか総括的テストを再度行い、習熟を確認します。**最初に行ったものと同じ形式のテストにするべきですが、質問の仕方は変えましょう。**

ブルームなど、影響力のある人の中には、習得が確認できるまで、何度でもテストを繰り返すべきだと言う人もいます。あるいはテストは2回行えば十分、という考えの人もいます。授業で学ぶことは螺旋状（スパイラル）になっていて、1年の中で同じ内容にまた行き当たるというのです[35]。

この形成的テスト後に、補習を行うというやり方は、教育だけのものではありません。

●医者は検査を行い、薬を処方し、患者が回復するまでこれを繰り返します。

●野球選手は自分のスウィングのビデオを観て、修正を行い、バッティングがよくなるまで繰り返します。

●シェフは、レシピを見直しては完璧なソースが完成するまで変更を加えます。

成果を上げる教師は、「テストをしては修正する」ということを繰り返します。子どもたち全員の成長を望んでいるからです。

信じられない話ですが、成果を上げられないある教師は、成績にAを少ししか付けないといったことに喜びを見いだします。教師が成績を付けるのではありません。子どもが成績を**獲得する**のです。こうした教師は、分布曲線上のどこにいるかで子どもを判断し、クラスの半数を「平均以下」「落第点」とします。

「教える目的は、子どもたち全員を成功に導く手助けをすることで、子どもに落第の烙印を押すことではない」

テストと修正を繰り返すことで、成果を上げる教師は、それぞれの課題につき80～90％の習熟を目指します。それぞれの課題につきそれだけの習熟が達成できれば、単元を終えた段階で子どもたちは80～90％習熟ができていることになります。

子どもたちは、成功して幸せな気分になれます。教師はさらに上を目指すよう、子どもたちを励ますことに多くの時間を充てることができます。

8・終わりをイメージして始める

結婚式、パーティー、休暇など、多くのことは事前に計画をしておきます。まずはイベントの日程を決め、それまでにやるべきことをリストアップします。

よい指導計画も、同じです。目標の達成こそが、子どもたちが最終的に得るものです。

そこに行き着くまでに、教師は次の二つのことを計画しなければなりません。

1　目標の達成を評価するのに、どんな方法を使うか。

2　目標を教えるのに、どのような指導の戦略を使うか。

あなたのまわりにもいるかもしれませんが、教師の中には（天気のような）あることを決め、その中で行う楽しい活動を考える（綿《わた》の雲で絵を描くというような）人もいます。この活動を1週間続けると、テストの時間です。教師は行った活動を思い起こし、その範囲でテストをつくります。こうした断片的なアプローチでは、子どもたちが何を学ぶべきなのか、教師は何を教えるべきなのか、子どもたちにも教師にもはっきりとしません。達成することが焦点化されていないのです。

グラント・ウィギンスとジェイ・タイ[36]は「逆向き設計」という授業計画を考案しています。**つまり、授業を楽しい活動を中心に計画するのではなく、達成すべき結果から、計画を始めるべきだというものです。**そこから逆向きに考えていきます。

「逆向き設計」には、次のようなステップがあります。

STEP 1　望む結果を決める。子どもたちに何を知ってもらい、何ができるようになってもらいたいですか？　それがあなたの授業の目標です。

STEP 2　認識できる証拠を決める。これは「テスト」となります。子どもたちが目標を習得したかどうかを、口頭質問、観察、会話、クイズやテストで評価します。

STEP 3　学びの体験と指示を計画する。どのような活動、資料を使って子どもたちが望む結果に到達する手助けができるでしょうか？

9・授業計画のつくり方

テストや課題のつくり方はわかりましたね。いよいよ、こうしたものを組み合わせて指導計画をつくります。

《指導計画は学びの計画》

「習慣的なやり方から離れるのに抵抗があるかもしれないが、指導計画を『学びの計画』と言い換えることを検討してみてほしい。子どもたちの学びの計画を立てているのだから」

サッカーのコーチは、ゲーム・プランを持っています。会社役員には、ビジネス・プランがあります。パイロットは、飛行計画があります。これはダイエット計画や旅行の計画のようなものです。**同様に、成果を上げる教師には、授業あるいは学びの計画があります。**つまり、常に見直して改善していくものです。**したがって学びの計画は、きれいで完全なものというわけではありません。**継続している**プロセス**であり、何ページにもわたるものです。あなたの計画は、誰でも見えるように机の上に置いておきましょう。これは秘密にするものでもありません。子どもたち全員に実践してもらうためのものだからです。

ほとんどの学校では、「学びの計画」を提供していません。カリキュラム・ガイドは提供され、そこには子どもたちが達成すべきものが書かれています。子どもたちを最終的な

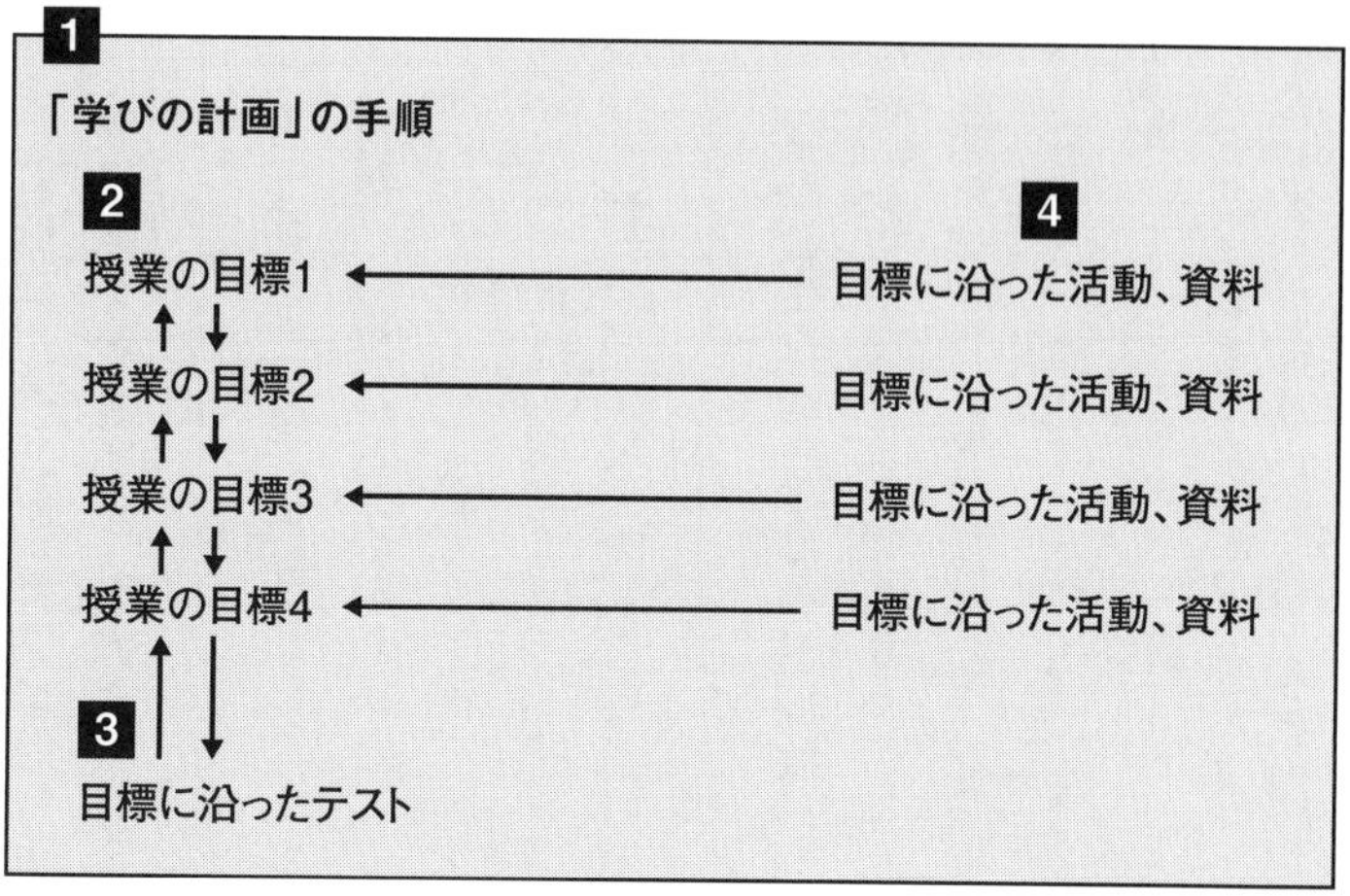

目的地に導くための「学びの計画」をつくるのは、あなた次第なのです。

子どもの学びがどこへ向かっているのかを把握していなければ、いつたどり着けるのか、果たしてたどり着けるのか、わからないのではないでしょうか。

次のステップは、「学びの計画」を始める際の、単純な手順です（上図参照）。

1　A4サイズの紙を横向きにします。

2　左側に、子どもたちに何を学んでほしいか、できるようになってほしいかを書きます。これが授業の目標となります。

3　目標に対して評価する設問を書いていきます。目標もテストも、授業の前には準備ができています。

4　右側に、あなたが授業の目標を教えるために使う資料等（講義、活動、質問、映像、プリントなど）を書き出します。授業の目標に沿ったものだけを挙げます。

「学びの計画」は、逆向き設計の三つの要素を取り入れています。

1　目標。 目標は授業のねらいを表します。成果を上げる教師は、授業が始まるたびに目標を伝えます。子どもたちが、何を勉強するのか質問する前にです。授業1回1回で、州の教育基準に対応した、目標が達成されます。

2　テスト。 どんなテストを行うのであっても、子どもたちは授業の目標を習得した証拠をあなたに示さなければなりません。

3　活動。 これが「学びの計画」の要です。うまく指導するほど、子どもたちは目標を達成しやすくなります。あなたの指示は、資料をいかにうまく使うかにかかっています。ビデオ、プリント、活動などを取り入れることには何の問題もありません。むしろ必要なものです。ただし、**「子どもたちに何を学んでほしいのだろうか？」**を自問することが必要です。その上でゴールに向けて適切な映像やプリント、活動を探すようにします。

ＷＥＢ上にも、ワクワクするような授業を行うための資料が数多くあります。「教師の指導計画」で検索すると、利用できる様々なリンクが見つかるでしょう。さらに、研究会、ワークショップ、大学の授業などに参加しましょう。教育専門誌を読みましょう。大切なことですが、教師同士で定期的に集まり、意見交換をしましょう。共に考えることで、豊かな戦略が生まれ、創造力も活性化します。

学びの計画、指導計画など、何らかのガイドなしでは、子どもたちと過ごす時間を最大限に活かすことができません。教えることは、厳密な技術です。学びの計画があれば、あなたは技術を磨き、子どもたちが高く昇り、達成する機会を与えることができます。テストを行うことは、子どもが順調に学んでいることを確認する前向きな手段です。

成果を上げる教師は…

1　目標基準準拠テストをつくる
2　形式的テストを使い、適切な補習の必要性を見極める
3　分布曲線ではなく、パーセンテージで評価を行う
4　「逆向き設計」を用いて学びの計画を立てる

Ⅲ　学びを評価する

THE KEY IDEA　採点表の目的は、子どもの学びを評価すること

1・採点表の価値

「成果を上げる教師は、学んだことに対し、どうすれば点数や成績を獲得できるのか、採点表を子どもたちに示している」

子どもの頃、手を上げて、次のような質問をしたことはないでしょうか。「先生、成績はどうやって決めるの?」。

誰でも、あらかじめどのように採点されるのか、判断されるのか、成績をつけられるの

か、**知っておきたいと思うものです。**教師が採点した用紙が返ってきたときに、何かが抜けていることで点数が引かれていたことはないでしょうか？　事前にそれが必要な情報だとは聞いていなかったので、声には出さないものの、「ずるいじゃないか。こんなふうに採点するなんて、言っていなかったのに」と思ったことでしょう。

教師としてのあなたの仕事は、子どもたちに成功をもたらすことです。採点表は、成功への「ロードマップ」です。子どもたちは何を期待されているのか、先に知っておくことができますし、あなたもどう評価するつもりなのかを再認識することができます。子どもにとって、点数が驚くようなものであってはいけません。採点表の基準をもとに、子どもは自分の評価をほぼ正確に予測できるはずです。

採点表は、保護者や他の影響力のある大人とのコミュニケーションにも役立ちます。保護者やその他の親族、養護者、後見人などのすべての人が、試験やプロジェクト、レポートで何を期待されているのか、どのように採点されるのかを把握できるので、子どもたちが成功するためのサポートに役立ちます。

子どもたちは、何が行われるのかが明確な授業が大好きです。学びがどのように行われ、自分たちがどのように評価されるのかを知っておきたいのです。

・こうしたクラスには手順があり、子どもたちが責任を持ってそれを実施しています。
・こうしたクラスには採点表があり、子どもたちは自らの学びの進捗に責任を持っています。

子どもたちは、授業において、何をすればいいのかを伝えてくれる教師に信頼を寄せるのです。

2・採点表が、子どもの学びを促進する

あなたは、子どもたちに目標のある課題を与えました（4・Ⅰ）。目標があると、子どもたちは何を学べばいいのかを知ることができます。子どもたちは目標を意識し、自分が理解しているかどうかを確認することができます。結果として、より熱心に授業に取り組み、学習に集中します。

目標は教室に掲示され、子どもたちは、いつでもゴールを確認することができます。

あなたは、テストの準備をしています（4・Ⅱ）。子どもたちは、テストや他の評価方法が授業の目標に沿ったものだと把握しています。テストのために何を準備すればよいか

もわかっています。あなたが、自動車免許の試験に何を準備すればいいのかわかっているのと同じことです。意外な展開や、ひっかけ問題などはありません。

次に、子どもたちに採点表を渡しましょう（4・Ⅲ）。これは最初に課題を出すときに目標と一緒に提示すべきものです。

「子どもたちに採点表を渡し、課題がどう採点され、評価されるのかを説明することが重要である」

3・採点表の構成要素

採点表には、三つの要素があります。それぞれが、評価されるもの、あるいは一つの作業を示します。

●**基準**：採点されるカテゴリーあるいは特質。

●**ポイント**：シンプルにしましょう。0から4までのスケールにすると、ほぼどんな評価にも使用できます。

●**予期される結果**：評価レベルやポイントの例を挙げて、説明しましょう。子どもたちは、提出する前に自分の作業を評価して見直すことができます。学びへの期待と評価のゴールになります。

一般的には、採点表は一覧表になっています。横の列は授業の一部として、評価の対象となる特徴を表します。

・授業の目標に関わるものにします。

・評価の基準は目標に対して複数あっても構いません。

縦の列は、子どもが獲得できるポイントを書き入れます。4、3、2、1、0、NS（点数なし）などです。

実験レポートの採点表ガイド

基準　　ポイント　期待されていること

名前＿＿＿＿＿＿＿＿

基準	0ポイント	1ポイント	2ポイント	子どもの点数（0、1、2）
タイトルと見出し	記述なし、不適切、不正確	不十分、あるいは部分的に不正確	タイトルがあり、実験に対して適切。名前、学校、クラス、日付の記載がある。	
問題の記述	記述なし、不適切、不正確	不十分、あるいは部分的に不正確	質問の形式で書かれている。実験可能。	
背景情報	記述なし、不適切、不正確	不十分、あるいは部分的に不正確	少なくとも1パラグラフ（3センテンス以上）。参照資料の記載	
仮説	記述なし、不適切、不正確	不十分、あるいは部分的に不正確	仮に～だとしたら、の形式。実験可能。	

表の枠は、それぞれの特徴とポイントの交差を表します。
・ポイントを受け取るために期待されていることが、特徴ごとに説明されています。
学ぶことは定義できるプロセスであり、子どもたち全員が体験できることです。私たち教師の責任は、このプロセスを子どもたちにはっきりとした言葉で伝えることです。

4・子どもたちが改善に取り組む手助けを

「採点表とは、子どもたちたちが達成に向けて取り組むことができる成果を定義しているものである」

たとえば、医者が血液検査や聴力検査、視力検査などの検査を行うとき、目的はあなたに成績をつけて家に帰すことではありません。そうではなく、検査の結果を**評価**して、適切な薬を用いて治療し、あなたが健康を回復できるようにしているでしょう。**ゴールは、あなたをより健康な状態にすることです。**

同様に、成果を上げる教師はプロジェクト、テスト、レポートなど様々な課題の評価データを使って、子どもの学習の進捗を判断します。そして、**授業の目標を達成するための正しい方向に進んでいる**ことを確認します。

成長するためには、常に学びを評価することが必要です。

採点表は、競技スポーツである体操やフィギュア・スケートでも使われています。審査員は、選手に対して主観的に点数をつけているのではありません。特定のスキルや動き、基準に応じて加算されるポイントが決まっているのです。

こうした採点表は、選手やコーチ、指導者たちにもよく知られています。より高得点を目指せるよう、スキルを磨くのに役立てています。

安全ベルトをつけた上で、コーチはケーブルを引いたり持ち上げたりして、選手の動きをコントロールし、評価し、指導します。何度も何度も、成長と達成に向けて練習を行います。

同じように、子どもたちは事前に採点表を渡されると、自分たちがどう評価されるかがわかるため、努力し、より高い評価を受けられるようになります。その間、教師は子どもの成長を評価し、それぞれの点数を伸ばす手助けをします。

子どもたちができるだけ高いレベルの学びを達成できるようにするために、成果を上げる教師は、常に学びを評価しています。そうすることで子どもたちが進むべき方向に向か

うこと、たどり着く最適な方法を見いだすことの手助けができます。

5・誰もが使える採点表

採点表は、学年や教科を問わず、取り入れることのできるものです。**授業は、子どもたちが特定の内容を教わるように計画されています。採点表は、子どもたちが教わった内容を、しっかりと学んだかどうかを確認するために使われます。**

①ハイスクールの科学の採点表

カレン・ロジャースはカンザス州、オレーセのハイスクールの科学の教師です。彼女は教師として高い実績を持っていますが、使っている採点表は複雑なものではありません。情報は少なく、シンプルなほうが、子どもたちの反応がいいと言います。わかりやすく、やりやすいのです。

カレンは、基本となる採点表のテンプレートをいくつか持っています。

・実験レポート
・グラフ作成

・グループ討論
・クラス全員に向けたプレゼンテーション（話し役）
・クラス全員に向けたプレゼンテーション（聞き役）
カレンは言います。「科学のクラスでは、実験レポートとグラフ作成に採点表を使います。実験のレポートを書くのは、大変なことだと思う子どももいます。採点表には、各要素の基準をリストにしてあります（仮説、データ、分析など）。そうすれば、子どもたちは実験を行い、一つひとつ確認しながら簡単にレポートを作成することができます」。**カレンの使っている採点表は、どの教科にも簡単に応用することができます。**子どもがレポートを書いたり、データを収集・表示したり、グループ討論をしたり、クラス全体に向けてプレゼンテーションをしたり、他の子どものプレゼンテーションを聞いたりすることは、どの学校でもよくあることかと思います。

カレンに教わっている子どもたちは、採点表はとても便利だと言います。

ブライアン・シェパードは、気に入っている理由をこう説明しています。「課題に取り組むときに、何をすればいいのかわかります。先生の指示を全部覚えていなくても大丈夫です。どうすれば100％を取れるのかがはっきりしています」。

ニック・ヤーナーも同意します。「採点表があると、自分の成績を管理できますし、事前にどういう成績になるかわかります」。

マイルス・ミラーは言います。「評価の基準が一定で、基本的に何をすればいいのかがわかります」。

②州の教育基準の採点表

ニュージャージー州には、「読むこと」「話すこと」「書くこと」と「メディアに関するカリキュラム」の教育基準があります。次の文章は一例です。

> **子どもたち全員が、英語表記について発音、つづり、言葉について知識を持ち、よどみなく読め、様々な資料や文章を読んで理解できるようになること。**

この教育基準を教えるため、ニュージャージー州のノーム・ダネンは、小説『The Great Gatsby』を使った授業を計画しました。

③グループ討論のための採点表

テキサス州の教師、ダイアナ・グリーンハウスは、ジョハンナ・ハーウィッツの

『Baseball Fever』という小説を使った授業で採点表を使っています。この本は、父親がチェスをやらせたがっているにもかかわらず、野球をやりたい少年のお話です。親子の意見の相違は、クラスの議論のいい材料になります。

ダイアナは、「内—外の話合い」と彼女が名付けた手法を使っています。

クラスの子どもたち全員が本を読んだ後、話合いのために五つの質問を考えます。話合いの準備に、椅子を二重の円に並べます。内側の円の椅子は内向きにし、外側の円の椅子は外を向くようにします。椅子は「背中合わせ」になり、子どもたちは二重の輪になって座ります。このテクニックは、ダイアナの高校生の娘が学校で教師が行っていたのを話していたことからヒントを得て、小学5年生のクラスでも取り入れたものです。

内側の円の子どもたちが最初の話合いのグループです。外側の円に座っている子どもたちは用意した質問をして、あとはノートをとります。質問とノートは、ダイアナに提出されます。

この活動を始める前に、子どもたちには採点表が配られます。内容を確認し、本についての議論を始める前に、何が求められているのかを理解します。

ダイアナは、内側の（中を向いている）子どもたちが話合いをしているとき、外側の（外を向いている）子どもたちは聞くことに専念させています。言葉を発することは禁止されており、積極的に聞くことが求められます。進行役に求められたときだけ質問をして、あとはノートをとります。そうすることで、「話を聞くスキル」が身に付くということです。

外側にいる子どもたちは、自分たちが話合いをする順番になるのを楽しみにしています。話をたくさん聞いているので、メモをたくさんとっているからです。重要な考えを書き留めたり、自分が思いついたことを書いたりするのに、忙しくしています。

クラス全員が本、ノート、自分の質問、メモをとる紙、そして採点表を持っています。ダイアナは話合いグループの進行役をその場で指名し、話合いと学びが始まります。ダイアナは言います。

「この『内―外の話合い』を毎回楽しみにしています。子どもたち自身で授業を進行していくのを見るのが、本当に楽しいのです。ここでは、考えること、聞くこと、話すことのスキルを伸ばしています。**子どもたちも話合いを楽しんでいて、採点表があるのを喜んでいます。私が何を求めているのかがわかるので、自分の評価をコントロールできるからです**」。

また、「子どもたちは完全に集中して参加しています」と、彼女は続けます。「『力がついた感覚がある』と言っています。それは、とても嬉しいことです。子どもたちに力をつけさせることが私のゴールの一つです！　見ていてとてもすばらしい活動です。子どもたちには、毎回驚かされます！」。

6・すぐに使える採点表

採点表は自分でつくることもできますが、すでにあるものを使ったり、加工して活用したりするほうが簡単です。ＷＥＢ上には、さらに多くの例があります。教師同士が各種ウェブサイトで共有しているものもあれば、企業がテンプレートとして提供しているものもあり、学年や教科に合わせたものもあります。「ルーブリック（Rubric）」と検索し、あなたのニーズに合ったものを採用しましょう。

7・採点表で子どもの進捗を評価する

「あなたがどこに向かっているのかわからないのであれば、子どもたちが、どこに向かっているのかわかるはずもない」

教師としての私たちの主な役割は、子どもたちが学ぶべきことに向かって絶えず進んでいく手助けをすることです。**教師と子どもたちが同じゴールに向かっているとき、学びが生まれます。**成果を上げる教師は次のことをして、子どもたちを学びへと導きます。

1　授業を地域や州の教育基準に沿って行います。
2　授業のゴールを意識した目標を提示します。
3　目標を教えるのに適切な活動を行います。
4　授業の目標に沿った採点表で学びを測定します。
5　授業の目標に沿ったテストを行い、学びを評価します。

授業のゴールを設定するときにはいつでも、「何を」「どのように」と自問しましょう。そして、そこでやめてはいけません。**学習のプロセスの中で最も大切なのは、「何を」「どのように」を子どもたちと共有することです。**教育とは、策略や駆け引きを使って子どもをやり込めるものではありません。私たちのゴールは、子どもたちに世界中での様々な驚きを感じさせ、学ぶことの喜びや充実感を見いだす手助けをすることです。

あなたが準備する授業について、三つのことを問いかけてみてください。

1　**授業を受けることで何を学ぶことになるのか、子どもたちはわかっていますか？**
2　**子どもたちが授業のゴールを達成するのに、どうやって手助けをしようとしているのか、わかっていますか？**
3　**子どもたちは、自分たちが（そして、あなたが）どうやって学んだことを評価するのかわかっていますか？**

もし、これらの質問にはっきりと答えられないようなら、あなたは授業を教える準備ができていません。子どもたち、そして、あなた自身もストレスを抱えることになり、何がいけなかったのかと考えることになります。授業を計画する目的は、子どもたちに教える内容を確認するためだけではなく、それを子どもたちが確実に学ぶようにするためです。採点表があれば、教師と子どもたちは学びを簡単に評価できます。

8・教師は教える準備ができている

子どもからすると、**「私の先生は教える準備ができている」**と感じることはとても大切です。教師が何を教えているのかわかっていると、子どもは安心し、安全で信頼できると感じます。目標は掲示してあり、テストは準備ができていて、授業が始まる前に採点表もつくってあると、子どもたち全員が授業の目標を達成することに集中できます。

成果を上げる教師は…

1　授業の目標に沿った採点表をつくる
2　形式的評価のために採点表を使う
3　自己評価をするのに、採点表をどう使ったらよいのか教える
4　学びの習得のために、子どもたちが常に進歩していく手助けをする

Ⅳ　学びを促す

THE KEY IDEA　教師はチームになると、ますます成果を上げられる

1・成果を上げる学びの環境のツール

「計測可能なゴールを子どもたちと共に目指す教師は、子どもたちのよりよい学びを達成できる可能性が高い」

常によい方向に進んでいる学校には、三つの特徴があります。この特徴は、結果を出す学校の基礎となっています。[37]

1　生産的なチームとして働いている。
2　明確で計測可能なゴールを設定している。
3　進行中のデータを収集し、分析している。

シカゴ大学の研究コンソーシアムによると、教師がチームとして働く学校では、子どもたちは、学年より上のレベルの数学を教わっていることがわかりました。教師がそれぞれ一人で働いている学校では、指導は遅れていました。こうした学校では、中学2年生の数学の教師が、小学5年生の算数の内容を教えていたのです[38]。

重要な発見をする学校は、どんどん増えています。教師が定期的に、協力して評価データを見直し、計測可能なゴールに向けて改善を検討すれば、魔法のような結果が出ます。それは、子どもの学びの達成です。どうしてそれが実現したのでしょうか？　共通の学校文化のもと、チームとして協力した成果です[39]。

マイク・シュモーカー

2・成果を上げる学校には、学びのチームがある

世界で大成功をおさめている企業は、従業員のチームで運営されています。レストランの請求書を見てください。あなたをもてなしてくれたのは、**チーム**です。店舗の閉ざされたドアを見てください。「**チーム・メンバー**（関係者）以外立ち入り禁止」と書かれています。あなたと取引をしたい企業は言います。「私たちの**チーム**が、最初から最後まで責任を持ってあなたのデザインを成功に導きます」。偉大なアスリートは勝利の後、「**チーム**」を讃えます。

成果を上げる学校には、教師による**学びのチーム**があります。学年や教科ごとにチームに分かれるのが一般的です。

教師による学びのチームでは、カリキュラムの目標に対する子どもたちの進捗を分析します。

「学びのチームの作業の中心は、授業を改善するために子どもの学習を分析することである」

子どもの学習を分析する方法としては、一般的な課題を子どもが仕上げ、それを元に分析することが挙げられます。子どもの課題は、三つに分けられます。「よくできているもの」「平均的なもの」「出来が悪いもの」です。それぞれの束から任意に一つずつサンプルを選びます。

チームで、それぞれのサンプルを評価します。そのとき、次の質問を繰り返すようにします。

「出来の悪い子どもを、少なくとも平均まで引き上げるには、どのように教え方を改善すればいいだろう？」

「平均的な子どもをよくできるようにするには、どうすればいいだろう？」

「それぞれの子どもの学力を引き上げるためには、どのような学びのツールが有効だろうか？」。

3・子どもたちが諦めないことを学ぶ学校

学校は、子どもが学ぶためのものです。アリゾナ州では、人口の約25％がラテンアメリカ系住民です。多くの学校では目標を達成できていないことが多く、卒業率も高くありません。ですが、中には全国学力テストで優秀な成績をおさめる学校もあります。

アリゾナ未来センター（The Center for the Future of Arizona）は、ある研究を発表しました。タイトルがすべてを物語っています。『逆境に打ち勝つ――ラテンアメリカ系の子どもたちがいる学校のいくつかはなぜ逆境に打ち勝てるのか……なぜそうでない学校があるのか[40]』。

報告書では、アリゾナ州とメキシコの境界にある優秀な学校など、複数の学校が引き合いに出されています。達成度が高い学校、かつては出来が悪いと言われていながらも成績が上がった学校などを見ると、資金調達やクラスの人数、リーディング・プログラム、保護者の協力、個人指導などは、その成功とは関係がありませんでした。こうしたものは、あらゆるレベルの学校で取り入れられていました。

逆境に打ち勝った学校には、次の特徴があったのです。

1　子どもの学習を何度も繰り返し、評価した。
2　結果を使って教え、何度でも教えた。
3　子どもたち全員が授業を理解する方法が見つかるまで、諦めなかった。

こうした学校の一つがフェニックスのクレイトン学区にある、L・C・ケネディ・スクールです。1年生の教師チーム、パトリシア・ヒックス、カレン・シュネー、ジュリア・クニタダ、ジェニー・ロペスは自分たちのことを「塹壕のプロ」と呼んでいます。何者にも子どもたちの成功の邪魔はさせない、という不屈の意志を反映しています。それが保護者でも、管理職であってもです。

彼らは英語を学ぶ子どもたちを教えていて、その成功の秘訣は、**「定期的にテストの点数を評価し、それぞれの子どもに合わせて教え、きちんとわかるまで決して諦めないこと」**だと言います。そして、次のようにも言います。

「毎週チームで集まることで、問題に向き合うための学びのコミュニティーをつくったのです。私たちには柔軟性や順応性があり、それと同時に粘り強く、何事にも揺るがないところがあります。そして、子どもたち全員に『学ぶ力』があると信じています。

私たちのゴールは…

・安全な教室環境をつくること。

・子どもたちに意味のあることを教えること。

・スキルを細かいステップに分け、子どもたちが早い段階で成功を感じられるようにすること。

・これまでに学んだスキルを積み重ね、ゴールに辿りつくようにすること。

・練習し、練習し、さらに練習すること。

・新しい考えを受け入れ、話し合うこと。

そして一番大切なことですが、私たちは決して諦めません」。

ジュリー・クニキダは、新任教師としてL・C・ケネディ・スクールに着任しました。そのとき、他のメンバーは年間の目標を彼女と確認したり、目標に到達する方法を説明したりと、必要な情報を共有してくれました。学校ではメンターを指名していませんでしたが、チーム全員がいつでも手助けをし、メンター以上の存在だったのです。まさに、彼女のチームメイトでした。

ジュリーは言います。「放り込まれたという感じではなく、あたたかくファミリーに迎え入れられました」。

彼女の学校では、すべてのチームが毎週集まります。学年毎に、子どもたちの学びを改善することにフォーカスしたチームがあります。そしてチーム同士も協力し合い、一貫性のある学びの環境をつくりだしています。

学年ごとのチームは、他の学年のチームともコミュニケーションを取ります。L・C・ケネディ・スクールでは、**子どもたちは学校と学びのチームにサポートされています――教室に閉じこもった一人の教師だけではありません**。子どもたちが逆境に打ち勝つのを助けたのは、学びに対するチームでの取組だったのです。

4・学びのチームの構造

カリフォルニア州、サクラメントにあるパシフィック小学校では、2003年に80名のフモング族の子どもたちが入学してきました（フモング族はラオス人で、多くは1960年代のヴェトナム戦争のときに、アメリカ合衆国政府が召集した人たちです。報復の恐れがあったため、米国内で保護施設が提供され、特に多い地域がミネソタ州のセント・ポールとカリフォルニア州のサクラメントの2か所です）。

現在、パシフィック小学校に通う子どもの40％がフモング族で、教師と管理職は増え続ける入学者たちにうまく対応しています。どのように行っているのでしょうか？　この学校には、**常に子どもたちの達成だけに焦点を当てる学校文化があったのです。**

パシフィック小学校には、学年ごとに学びのチームがあります。チームは毎週一度集まります。一つの大きな部屋に各グループが集まるため、学年別でのミーティングや、教師同士のコミュニケーションも取りやすく、便利です。

ミーティングを行う際は、正式な体系、あるいは「手順」があります。会議の前半で使われるのはシュモーカー・モデル[41]で、手順は次の通りです。

①**集中する（3～5分）**

・特定の学びの目標と、授業の成功を判断する評価基準を挙げる。
・学びの目標を一つ／授業の目的を明記する教育基準を書く。
・目標／教育基準をチーム全員が共有できるように掲示する。
・評価に関しては、チームとして共通認識を持っていることを確認する。

②評価する

・教育水準／学びの目標に沿った評価方法を作成する。

③静かに書く（1分）

・一人で静かに考え、子どもを変える授業（できるだけ多くの子どもたちが評価で成功を収めるために役立つ授業）の要素、ステップ、あるいは戦略を書き出す。

④ブレインストーム（4～7分）

・チームで、ブレインストーミングの慣習を守って（ネガティブなコメントはなし、どんな考えでも受け入れる、他人の考えに付け加える）12～14のアイデアを挙げ、全員に見せるようにする。

⑤選択（3～6分）

・子どもの成功にうまく結び付く最善の戦略、ステップ、要素をチームとして選ぶ。

⑥授業の概要を作成する（4～10分）

・チームとして、前のステップで選んだ最善のアイデアを使って、授業の概要をつくる。
・関連するアイデアを追加したり、必要に応じて順番を入れ替えたりする。
・全員に向けて授業の概要を見せる。

⑦実行する（教室に戻って）

・授業を行う。
・結果を評価する。

⑧次のミーティング

・授業の結果を話し合い（何名の子どもが成功したか）、強み、弱みについても考える。
・強みや弱みとの関連で、指導をどう調整すればよいかを話し合う。
・チーム・ミーティングでかわされた情報は、すべて「チームの学びログ」に記録される。

ミーティングの後半は、子どもの学習についての話合いです。教師たちはプリントやテスト、プロジェクト、レポートなどを机に広げ、それぞれの子どもの成果を分析します。

そして、各自が何を教えているか、どのように教えているかを共有し、子どもたちにより効果的に内容を理解してもらうために、指導を改善するのに助け合えることはないかを議論します。

「学びのチームにおいて、教師は子どもの学びを促進するために協力していく」

この学校は、どちらかというと貧しいマイノリティーの子どもたちが多くても、成功しています。2006~2007年にかけて、新任教師の採用は二人だけでした。これはとてもポジティブな兆候です。似たような学校では、教師の離職率はずっと高いからです。

新任教師のケェウ・グエンは、こう言っています。「この学校をとても気に入っています。一人で孤独に陥ることはありませんから。経験豊富な先生方から、どれだけ多くを学んだかわかりません。**私たち教師は、お互いに協力し合ったほうがうまくいきます**」。

5・学ぶチームでの評価

「教師や子どもではなく、指導を分析することが大切である」

成功している学校の校長や教師は、問題を特定し、速やかに対処するために定期的に評価（アセスメント）を行っています。評価データに定期的に目を通し、問題が発生したらすぐにわかるようにしています。「根本原因」の分析を行うには、データを遡り、不備を特定し、すぐに指導の弱点を正すようにします。

不備は通常、インプットで見つかります。カリキュラムや指示、目標に対して使う時間などです。アウトプット（子どもたち）ではありません。その道のプロである教師が、強い職業意識を持って自身の指導を分析し、他者にも分析してもらうことをします。子どもたち一人ひとりの学びのために、柔軟性を持って改善を行うことが大切です。

グループで作業をする際には、これは教師に対する個人攻撃ではないことを理解しましょう。教師の指導法の、弱点を特定するプロセスなのです。

6・カリキュラム・マップは、チームに情報をもたらす

成功している学校では、カリキュラム・マップを使って年間計画や指導案等の共有を図っています。同学年で、そして学年を超えてもです。カリキュラム・マップは大きなスプレッドシートで、何を教えたか、教えているのか、これから教える予定なのかを示したものです。このマップは、子どもの学びを促進するために必要なことを反映し、絶えず変化します。

空港の航空管制官は、担当空域のすべての飛行機をモニターで確認しています。列車の時刻表では、特定の路線のすべての列車の発着時刻を知ることができます。ツアー旅行では、全員に旅程表が配られ、何時に、どこに立ち寄るのかを知ることができます。

同じように、成果を上げる教師は、地図やスケジュール、旅程表に近いものを持っているのです。つまり、何が教えられているのか、誰が教えているのか、全体を把握しているということです。誰一人として、学びの列車に乗り遅れないようにするためです。

7・子どもの学びを促進するツール

学びのチームでは、子どもたちが教室で、あるいは人生において成功をつかむ機会を増やせるような基本的なテクニックを共有していくことが大切です。ここで言うテクニックとは、たとえば、こまめにノートをとること、理解するために教科書を読むこと、宿題を計画通りにやること、毎日の授業をきちんと理解することなどです。常識のように感じることもあるかもしれませんが、「一般常識なるものは、それほど一般的ではない」という格言もあります。

ここで共有するテクニックは、必ず子どもたちの役に立ちます。ぜひ子どもたちに教え、1年を通じて見取ってください。

1　ノートのとり方
2　教科書の読み方
3　教室での学習の延長としての宿題

確かに、教師の講義が長すぎ、ノートをとる時間がないというのはよくありませんが、それだけが問題ではありません。そもそも成果を上げる人は、ノートをとるスキルを身に付けています。ノートをとるのは教室内だけではありません。テレビを観ているとき、電話をしているとき、会議で発言者の話を聞いているとき、読んでいることをまとめるとき、あるいは何か情報を思い出したいと思う状況など様々な場面で、人はメモをとります。

ノートをとるというのは、個人的な活動です。自己啓発のためのものと言ってもよいでしょう。「ノートをとる手順」を教えるということは、あなたは子どもに人生で役に立つことを伝授することになります。もしかしたらその子どもは、アイデアを書き溜めて小説を書いたり、画期的な発明をしたりするかもしれません。

「ノートをとるということは、
人生における最高のスキルである『聞くこと』を具象化することである」

①ノートのとり方

よく使われている手法としては、ウォルター・ポークがコーネル大学在学中に生み出した、**「コーネル大学式ノートメソッド」**（Cornell Note-Taking Method）が挙げられます。ノートをとるのは、複雑なことではありません。一番シンプルな方法は、用紙を三つのセクションに分けることです。それぞれのセクションは「記録」「整理」「まとめ」です。WEB上には、自分だけのコーネル・ページをつくれるサイトもありますので、ダウンロードして、コピーを子どもたちに配りましょう。

この方法のよいところは、ノートをまとめ直す必要がないことです。見て、すぐに復習ができます。授業の詳細を思い出せますし、テストや話合いの前に見直すことができます。

②コーネル大学式ノートメソッド（左図参照）

a　記録する

このスペースにメモをとります。子どもには略語を使うこと、句の形で書くことを教えます。考えを書き留めたら、空間を広くとりましょう。大事なことはきれいに書くことではなく、体系立てることです。

b　整理する

左側の欄には、右側に書いたことをもとに、簡潔なフレーズや手がかり語句（キュー・フレーズ）、キーポイントなどを書き込みます。短くシンプルにすることをすすめます。

c　まとめる

下の欄に、一つの文かワンフレーズでページの内容を要約します。疑問点や、さらなる探究のためのアイデアなども書き込みます。

③教科書の読み方

すばらしい読み手というのは、必ずしも本や雑誌、新聞を最初から順に読みません。新聞社や出版社の編集者は

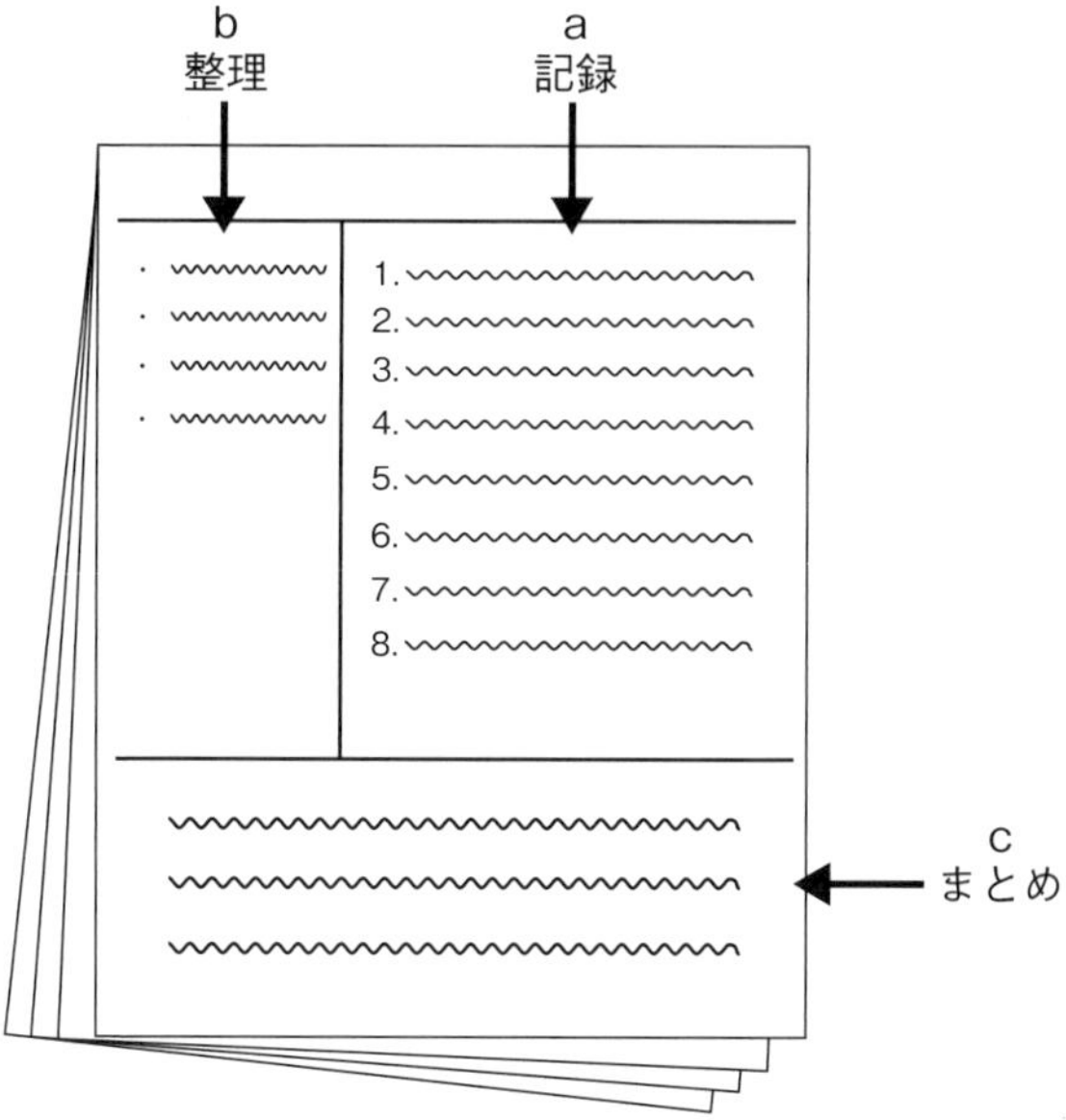

そのことを知っているので、表紙に見出しの一部を載せるなど、読者の興味をひく工夫をしています。

効率よく読もうとすると人は、斜め読みをしたり、飛ばし読みをしたりします。この読み方を「SQ3R」（Survey, Question, Read, Recite and Review）と呼びます。子どもたちには、**教科書の読み方を教えましょう**。

●概観（Survey）

―章の結論を先に読み、「ハッピーエンド」なのかを確認する。
―鍵となる概念やアイデアを読む。
―太字になっている文章をすべて読む。
―大文字やイタリック、ハイライト、囲みなどで強調されている箇所を読む。
―挿絵や写真を見て、説明を読む。
―すべてのセクションの見出しを見て、全体の構成を把握する。

●質問（Question）

―この章には何が書かれているのか、自問する。
―サブセクションには何が書かれているのか、自問する。

※どういう質問をすればいいのかがわかれば、子どもは章やサブセクションで書き手が言

おうとしていることを掴みやすくなります。

●読む（Read）

―質問を念頭に各セクションを読む。

●答える（Recite）

―声に出して質問に答える。

●復習（Review）

―質問や鍵となるアイデアについて復習し、理解しているかを確認する。

ビュッフェ形式のレストランで行列ができていると、何の料理かわからずに、とりあえず列に並んでみたなんてことはないでしょうか？　前に並んでいる人たちにどんな料理か聞いてみます。その人たちも「知らない」と答えます。でも、自分が満足する料理を選ぶためにも、どういう料理があるのか、知っておきたいですよね？

列から抜け出してレジに行き、席に着く前にブッフェの「SQ3R」をしてもよいか、聞きます。「もちろんどうぞ」とお店の人は言います。

まず、ビュッフェのレイアウトを**概観**します。テーブルは一つ以上ありますか？　温かい食べ物はあるでしょうか？　肉を切り分ける人はいますか？　デザートのテーブルはどこでしょう？

蓋のついた保温容器の中にはどんな料理が入っているのか、**質問**しましょう。ソースも見ます。クリームをベースにしたものでしょうか？　低塩のもの、脂肪分が少ない料理はありますか？

料理についているラベルを、すべて**読み**ます。

全体を見た結果、どういうすばらしい料理を選んだか、自分自身に**答え**ます。

たとえば、「食べすぎないこと」と最初に自分で決めたことを**復習**します。そうした上で列に並べば、あなたは食べ放題のビュッフェにおいて責任を持って食事をする準備ができているということになります。

④教室の学習の延長としての宿題

宿題は、授業の目標や課題に合ったものでなくてはいけません。そうでなければ、それは時間を浪費するだけの作業であり、宿題として課す価値はありません。

宿題は、授業の目標に沿った学びに貢献するものであるべきです。繰り返しになりますが、そうでなければ宿題としてふさわしくありません。

マイアミ州のエルモ・サンチェスはこのことを理解しているので、宿題のことを、**「自宅学習（ホーム・ラーニング）」**と呼んでいます。そして、授業で学んだ概念を、強化したり復習したりするものだけを選んでいます。

宿題は、新しいことを学ぶためのものではありません。新しい内容を宿題として課すと、授業で教わっていないことを教えるということになり、子どもたちだけでなく、保護者からも不満の声が上がります。

型通りの練習の後に自主的な練習をさせるように、宿題や自宅学習は、**授業で学んだことを強化する追加練習のようなもの**と理解するとよいでしょう。

スケートや音楽を子どもが習っているとしたら、教師から「家でも練習をするように」と言われます。「新しいものを創るように」とは言われませんよね。

キーワードは「練習」です。次の質問をしてみましょう。

「子どもたちは授業で何を学んだだろうか？」

「その新しい知識を確かなものにするために、子どもたちには何ができるだろうか？」

その答えが、その日の宿題になります。多くの小学校では、家庭学習用の「持ち帰りファイル」を用いています。

授業においても、宿題をする練習をしましょう。最初の2週間は、授業で宿題の仕方を教え、その後、初めて家に持ち帰らせます。あるいは授業で宿題を始め、残りを家で仕上げるといった方法も考えられます。

8・学びのチームには共通ビジョンがある

旅の成功は、目的地を明確に思い描くことから始まります。行き先がわからないままでは、目的地への到着は難しいのではないでしょうか？

子どもたちが、より高いレベルで学びを達成していく旅も同じです。関わる人全員（指導主事、教師、子どもたち、保護者）が、子どもたちの学びをよりよくするために、レーザー光線のように集中しなければなりません。共にたどり着くことができるよう、ゴールや地図もつくる必要があります。**この概念は、共通ビジョンとして知られています。**

共通ビジョンでは、リーダーシップは教師間で共有されています。共通の目的は、子どもたちの学びです。共通の意思決定プロセスを通じて、学びのゴールのために教師同士が協力しています。

「共通ビジョンを持つ学校では、全員が協力し合うよう、リーダーが動く。教職員はバラバラではなく、全員が互いにつながっている」

共通ビジョンを取り入れるには、学びのチームで授業の度にこう質問しましょう。

・子どもたちは何を学ぶのか？
・子どもたちが学ぶべきことをどう教えるのか？
・学ぶために子どもたちが準備すべきことは？
・子どもたちの学びのために私たちは何を評価し、どう改善するのか？

学びのチームは定期的に集まり、次のことを確認します。

1　合意した教育基準に基づいて教えているか？
2　達成ゴールに向けて着実に進んでいるか？

子どもが成長しない学校では、教師の学びのチームは存在せず、何も共有されていないことが多いのです。カリキュラムは混乱し、同じ学校の同じ学年でも、孤立している教師がそれぞれに独自の教材で授業を行ったりします。授業で何が行われているのか、誰も知らず、気にもしていません。評価は子どもの学びのためではなく、成績をつけるためのものです。

成果を上げる学校では、カリキュラムは子どもの学びのために作成されています。学びのチームは常に自己評価をし、子どもの学びに集中しているか、それを育んでいるかを確認します。

・マップをつくり、学びのチーム全員で指導を調整したり、評価したりできるようにしている。
・子どもたちが成功するために必要な学習や手順を、教える必要があるか、繰り返して教える必要があるかを、常に自分たちで考える。

教師が学級経営にかけなくてはならない時間が短いほど、学習指導の時間をとれるというのは常識ですし、研究でもその通りだという結果が出ています。そして、子どもたちの学習の結果もよくなります。

手順や決まったやり方を確立し、学習指導のための時間を長くとるのは、最高の教え方なのです。

9・成果を上げる学校の特徴

成果を上げる学校、成果を上げる教え方、そして子どもの学びの改善については、次のような特徴が挙げられます。

・教師が孤立している時代は終わりました。しっかりとした学びのチームで、教師や学校のリーダーたちが協働的な学びの環境をつくりだしています。
・教師は学校や同僚とつながっていると感じると、目標に向かって頑張ります。
・教師は、どこかに所属したいと思い、所属しているという感覚を必要とします。もし、ポジティブな形で所属していないのであれば、ネガティブな行動をとります。
・成果を上げる学校の特徴は、コミュニティー、継続性、結束力です。
・成果を上げる学校には、高い実績を上げるための学校文化があります。特徴的なのは、すべての子どもたちの学びに対する責任を共有していることです。

こうした特徴を持つ学校では、子どもたちの学びを高めることができます。なぜなら子どもたちの学びを高めるというゴールに向かって教師たちが協力し合い、共に評価し、学ぶからです。

成果を上げる教師は…

1　学びのチームをつくり、参加する
2　チームの一員として課題や指導を分析する
3　共通のビジョンを保つことに貢献する
4　決して諦めない

CHAPTER 5

未来に向けて――「教師の道を究める」

教師はプロの教育者になるため、常に学び、成長するものである

I

教師のリーダーになるには

THE KEY IDEA　教師が学べば学ぶほど、子どもたちもよく学ぶ

1・プロの教育者とは教師のリーダーである

「子どもを変える存在になると決めたら、あなたは自分自身に、そして、教師という職業に対して高潔な意志を表明したことになる」

とうとう最後のCHAPTER 5まできました。これまでは、子どもの学びの達成に焦点を当ててきました。そして、本章で焦点を当てるのは、自ら学ぶ一人の教師としてのあなたです。

教師が学べば学ぶほど、子どもたちもよく学ぶということは、すでに実感されていると思います。つまり、教える技術を数多く身に付ければ、**それだけ子どもたちが成功する可能性を高められるということです。**

「子どもに計画を立てることを教えるのは、あなたが教える計画を立てるためでもある」

2・教師として成功する一番の秘訣

あなたが、プロの教育者として成功したい、子どもたちの人生に影響を与える人物だと思われ、幸せな生活を送りたいと思うなら、まずは自分の人生を「変化」させましょう。教師として成功する、一番の秘訣は、**頼み込み、拝借し、盗むことです！**

本書の26ページでも、この話をしましたね。

北カリフォルニアの教師、クリス・ハルヴァーソンは、最近職場が変わりましたが、変化を前向きにとらえ、「新しく勉強することがあると思うと、楽しみです」と言います。

ニューヨークの教師、スージー・ドレイズンは言います。「大学院の教授たちは、私たちに取捨選択をすすめました。つまり広く見て、よいものだけ盗むように、ということです」。

ローズマリー・ウォンはミーティングに出席するたびに、どんなに自分に関係なさそうで退屈かもしれないと思っても、何かしら役に立ちそうなことを探します。そして、言うのです。**「ミーティングにおいて、教え方についての説明が終わる頃には、自分のクラスで応用できるやり方など、最善の方法を考え出しています」**と。

人間の頭脳は、性能のよいコンピュータだと言うことができます。それぞれ一人ひとりが、唯一無二のPCなのです！　成果を上げる教師は常に考え、夢を見て、それを実現するための計画をしています。あなたの将来の幸せやキャリアの成功は、使える技術を取り入れたり、新しいアイデアと共に成長したりできるかにかかっています。

成長しなければ、人に対して与えられるものがなくなってしまいます。教師は、自分の持っていないものを与えることはできません。自分自身に対して責任を持たないのなら、誰も責任を持ってはくれません。単純なことです。**あなたが「子どもを変える」と決意して初めて、教師という職業は高潔なものになるのです。**

3・やり過ごす段階にいる教師たち

教師には、性格や文化、考え方など、実に多様な人がいます。それでも大きく二つのタイプに分けられます。

①生活費を稼ぐための仕事としてとらえている人：働くのは生活のためで、日々をやり過ごしています。

②子どもを変えたいと思っている人：働くために生きています。仕事は自分自身に、そして教えている子どもたちに達成をもたらすからです。

残念なことに、教師の中には、次のようなことを言う人がいます。「高校生を教えているのでその方法は使えないんです」「私の教えている子どもたちは、学年のレベルにまったく追いついていません」「スクールバスの到着時間がバラバラなので、時間通りに授業を始められないんです」「私が受け持っている子どもたちの文化をわかっていらっしゃらない」。このような教師は、言い訳をしてやり過ごしてしまいます。そして**やり過ごし、特に何もせずにいると、間違いなく行き詰まってしまうのです。**

学ぶことに消極的な教師が多い学校では、当然のことながら子どもたちも学びません。

一方、熟達の域に達している教師もいます。こうした教師たちは**プロ**であり、**教師のリーダー**です。

4・熟達する

配管工、歯医者、弁護士……。このような人たちは、プロとしてきちんと仕事をしてくれるものと私たちは考えます。同じように、成果を上げる教師は、プロの教育者と呼ばれます。**プロフェッショナルとは、何の職業に就いているかではなく、その人の仕事に対する「姿勢」を表しています。**

プロの教育者は、新しい子どもたちに向き合うたびに、指示があったから、規則だから、ということではなく、子どもたちがより高いレベルで主体的に学ぶことを目指して計画を立てます。

成果を上げる教師は、よく考えて行動に移します。こうした教師は、子どもたちに求めることを、自分でも実践しています――つまり、自ら考え、問題を解決しているのです。

成果を上げる教師は、蓄積された知識を使って、問題の解決に当たります。知識を蓄積するには、常に学び続けるということが必要になります。**プロの教育者は、学び、成長を続けます。**子どもたちと共に成功するための、終わりのない旅の途中にいます。新しい、よりよいアイデアや情報、スキルなどを探し求めます。

5・教師のリーダーとなる教師

成果を上げる教師には、人生プランがあります。キャリアを築き、教師のリーダーとなることを目標にしています。こうした教師の見分け方は、簡単です。**元来、教師のリーダーというのは楽天的なのです。**日々、人生で達成しつつあることを実感し、輝かしい未来を見据えています。それぞれの世代で成果を上げる教師が増え、熟達した技で子どもたちの学びを改善していくにつれ、多くの教師は自らの人生もより豊かにしていこう、と考えるようになりました。

そこで「単なる教師」の枠から一歩踏み出し、**「リーダー」**となる道に進んだのです。リーダーとは、ルールや規則、手順を決める「ボス」とは違います。他人に指示を与える権限を持つことだけが、リーダーではありません。真のリーダーには、集団を成功に導くために必要な一定の資質が備わっているのです。

リーダーとは、簡単に言うと人を動機付け、人に影響を与え、人を導く存在です。

■成果を上げる教師の10の性質

1　リーダーには、達成のビジョンがある。
2　リーダーは、いいお手本となる。
3　リーダーは、同僚を導く対人関係のスキルを持つ。
4　リーダーは、共通のゴールに向かって人を動機付け、鼓舞する。
5　リーダーは、ゴールに集中する。
6　リーダーは、締め切りを決め、中間目標を達成する。
7　リーダーは、個人同士、グループ同士の対立を仲裁する。
8　リーダーは、きちんとした知識や技術が重要だと考え、トレーニングを推進する。
9　リーダーは、情報を共有し、若く経験の少ないチーム・メンバーのメンターとなる。
10　リーダーは、準備が万全で、情熱的かつ粘り強い。

広義に言うと、リーダーシップとは進歩を生み出すものです。教育で言うと、教師の進歩は子どもたちの進歩につながります。教師のリーダーたちの存在がなければ、子どもたちの進歩は見込めません。

究極的には教師のリーダーたちが、子どもたちの学びの達成をもたらすのです。

次の二つの文について考えてみてください。

- **成果を上げられない教師はみんな同じ。**
- **成果を上げる教師はみんな違う（各々が独創的）。**

この二つの文を読んでピンとくれば、あなたは教師のリーダーへの道を歩んでいることでしょう。あるいは、もう到達しているかもしれませんね。

もし、よくわからずに首をひねっているようなら、あなたは学び、成長している段階です。時間をかけて学び、教師のリーダーの特徴をつかんでいきましょう。

6・成功している教師は労働者ではなく、みんながリーダー

次ページの表にある特徴を見れば、あなたの教師としての5年後、10年後、20年後、30年後を予測することができます。

労働者としての教師

・危機があったら、なんとか切り抜ける。
・言い訳が多い。

・労働者風の服装をしている。
・ミーティングでは後ろのほうに座る。

・専門的な能力開発について文句を言う。
・人、場所、モノについて文句言う。
・他人や場所、モノのせいにする。

・遅刻が多い。
・とめどなくしゃべる。
・「何をすればいいの？」といつも聞いている。

・教育雑誌を定期購読したり、読んだりしない。
・教育組織に属していない。
・カンファレンスには滅多に行かないか、まったく行かない。地域主催のミーティングについても文句を言う。
・「やらなきゃいけないの？」「仕方ないからやっているだけ」と仕事についてネガティブな発言をし、自己中心的。

・尊敬されていない、と言う。
・他人がしていることを、取り入れる。
・仕事や、勤務条件について心配する。
・被害者だ。
・学ぶ意志がなく、人に助けを求めない。

・生活は「やれやれ、今日も終わった」という感じだ。
・やり過ごしている。

教師のリーダー

- リーダーシップをとる。
- 計画、ゴール、ビジョンを持っている。

- 成功のために服装に気を遣う。
- 学べる場所に座る。

- ミーティングには積極的に参加し、楽しむ。
- 人、場所、モノを褒める。
- 他人と協力し、場所やモノを改善する。

- 時間を守り、資料の準備はできている。
- 集中する。
- 物事を決め、問題解決の手助けができる。

- 専門誌を定期購読し、読んでいる。
- 教育組織に属している。
- カンファレンスに参加し、プロとして貢献することもある。
- 「プロの学びのチームの一員としてやりがいがある」「地域のカリキュラム委員会の仕事は楽しい」と自分の選択について情熱を持って話す。

- 尊敬されるような成功を収める。
- いちばんいいと考える方法を採用する。

- キャリアを持ち、選べる選択肢もある。
- 力を持ち、管理をしている。
- 知識を持ち、必要に応じて人に助けを求める。

- 「最高のパフォーマーになることを目指し、人生、愛、幸せを追求する」のが生活だと信じている。

多くの教師にとって教えるということは、家族を支えるための賃金を稼ぐ手段です。終業のチャイムが鳴った瞬間に仕事は終了となり、成長や学びの機会をとらえる時間や意欲はありません。

労働者と同じように、リーダーも仕事をし、時間をかけてお金を稼いでいます。でもリーダーの場合は、自分だけでなく同僚や職場環境を改善するために、さらに進んで時間を使います。その結果、リーダーはもっと多くを稼ぐようになります。それは時間を仕事に費やしたからではなく、技術を磨き、生活をよくするために使ったからです。**怠け者ではなく、やる気のある有能な人に報酬はもたらされるのです。**

「仕事は、生活の糧のために行うもの。

キャリアは、人生の追求のために行うもの」

教師のリーダーはプロです。時間やお金は気にしません。他の人たちと共に成長し、協力することに意識を集中させています。

7・教師のリーダーは自ら動く

本書では、成果を上げる教師のテクニックを紹介してきました。『the First Days of School』の取り入れ方についても、毎月のインターネットのコラム teachers.net に書いています。私たちがこれまで、そこに書いてきたことには、「成果を上げる教師」を説明するときに繰り返し出てくる二つのテーマがあります。

①成果を上げる教師は、実行する

成果を上げる教師には、他人の仕事からテクニックを取り入れて実行に移す能力があります。学年、教科、あるいは職業の分野を超えてもです。仕事を盗み、状況に合うように変化させ、自分の教室で使うことができるのです。観察し、考え、生み出し、適用します。

②成果を上げる教師は、主体的に動く

成果を上げる教師は、問題に反応するのではなく、問題が起こらないように未然に防ぐ方法を知っています。受け身ではなく、主体的に動きます。

成果を上げられない教師は、受け身で反応します。こうした教師は、クラスをまとめるための計画がなく、学校や地域の環境などを理由に、自らが成果を上げられないことに反応するのです。

そして、こうした教師は、クラスをまとめることができません。しつけに厳格なタイプが多いため、特定の子どもたちに対し、罰を与えることを主張します。

ですがその子どもたちは実は優秀で、秩序のないクラスに飽きていることが多いのです。教師が受け身の反応をするタイプだと判断すると、こうした子どもたちは教師をゲームに誘い込み、自分たちが目立とうとします。こうして子どもたちが、クラスの実権を握ることになります。教師は問題行動が起こるたびに「破壊的な子ども」を罰しようとしますが、クラスをまとめる力はありません。

つまり、受け身である教師はリーダーではありません。労働者であり、子どもたちもそのことを察知します。

主体的に動く教師には、問題が起こるのを未然に防ぐ学級経営計画があります。そして、教育基準と目標に沿った授業を行い、子どもたちの学びに高い期待を持っています。

8・成果を上げる教師には、すべて備わっている

教えるのは、技です。身に付けるには時間と労力が必要です。自己啓発も必要です。中には自然と教える能力が備わっている人もいますが、生まれつき教師のリーダーに必要な知識や技能を持っている人はいないでしょう。

まずは、学級経営が必要だということを理解します。繁盛しているお店がうまく経営されているように、クラスがうまくいくようにするには、徹底した準備が必要です。子どもの学びには、特効薬は存在しません。あなたが取り組まなくてはならないのです。**子どもたちに学んでほしいと思うなら、あなたも学ぶ意欲を持たなくてはなりません。**

「成果を上げる教師は、プロの教育者となる。
そして、プロ教育者は、教師のリーダーとなる」

9・最も不安定な教師

教師の中で、最も不安定なのは自分の人生の計画を立てられない、やり過ごすタイプの教師たちです。こうした教師も、自分の人生や、教えている子どもたちの人生をよくすべきだということはわかっています。手を差し伸べる用意のあるスタッフと協力し合うべきだということも認識しています。

ですが職員会議などでは、近隣の環境や給与、勤務条件、保護者、指導主事や、顧客とも言うべき子どもたちについてまで声を張り上げます。他の人が言うことや信じていることも気に入りません。人のせいにして自分を守ろうとするのです。

こうした文句を繰り返し聞いていると、自分が被害者のような気になってきます。

一定の状況で他人と同じ視点でものを見ると、だんだんとその状況の一部になり、被害者となります。成功している教師は、話を聞き、学び、そして導きます。**選択をすることを学びましょう！**

■うまくいっている教室を思い浮かべてください。
教室も変わりません。
やはり３つの要素があります。

1　学級経営がうまくいっている。子どもたちは教室がうまく運営されていて、安全で快適だと感じる。CHAPTER 3の「学級経営」。

2　授業がうまく行われている。子どもたちは学び、よい体験をし、クラスの一員でいることを楽しんでいる。CHAPTER 4の「授業を極める」。

3　子どもたちに対する扱いが優れている。子どもたちは尊重される。必要に応じて補助的な手助けが受けられる。愛情を持って大切にされる。CHAPTER 2の「前向きな期待」。

こうした教室も、すぐに思い描くことができるでしょう。クラスの人数や子どもたちの状況、場所も様々ですが、すべて同じ、成功につながる３つの特徴を持っています。子どもが学ぶのは、教師が子どもたちの達成のためにすべてを準備しているからです。

■お気に入りのお店を思い浮かべてください。
どうしてその店は成功しているのでしょうか？
それには３つの要素があります。

1　店内がきちんと管理されている。店内は整理が行き届いていて、居心地がいい。その店での買い物は快適だ。

2　商品がいい。品揃えがすばらしい。品質がよく、価格も適正だ。

3　顧客に対する扱いが優れている。店員は礼儀正しい。尊厳を持って丁寧に接客している。販売員はあなたのビジネスを理解し、よい関係が築かれている。

こうした店は、すぐに思い浮かべることができます。お店の規模や扱う商品、場所も様々ですが、すべて同じ、成功につながる３つの特徴を持っています。売上につながる成功のための要素が整っているのです。

10・成功への確実な道

教師のリーダーは行動します。参加すること、学ぶこと、関わる人たちの人生をよくすること、さらには自分の人生をよくしていくことにも時間を使っています。**成功への確実な道は、向上心を持ち協力的な態度を身に付けることです。**

リーダーたちは学ぶこと、参加することが楽しいので、会議やミーティングに進んで足を運びます。学校で学びのコミュニティーを再現し、話し合い、情報を共有し、様々な人の話を聞きます。

向上心を持つ人たちは「私たち」という視点で物事をとらえています。話をしていると、「私たち」という言葉を頻繁に使っているのがわかります。たとえば、「私たちは、チームで退学率を下げる対策を考えないといけません」「私たちの中に、新入会員キャンペーンのコールセンター用に人材を確保できる人がいたかしら?」「私たちにはできる。できないはずはない。だからみんなで課題を分析して、子どもたちの学びを、私たちがどう改善できるか考えよう」といった具合です。

「私たち」という視点で語る人は、子どもたちの成功を一番に頭に思い描いています。もっとよくしようという思いでじっとしていることはなく、指導技術のレパートリーに常に新たな知識を追加しています。彼らの強みは、その姿勢と能力なのです。他人や場所、モノについて文句を言い、過ぎ去った問題についてくよくよ考えたりはしません。過去を嘆くより、未来のやりがいのあることを追いかけるほうが、充実していることに気づいているからです。

プロになるには、努力が必要です。会議に出席したり、本を読んだり、委員会の仕事をしたり、同僚と対話したりするには、時間がかかります。学びのチームの一員として参加すること、必要に応じて子どもに補充学習をすること、スキルを磨き、理解を深めるためにセミナー等を受講することは、努力を伴います。でも、他人のために進んで自己投資をする人には、それだけの見返りと達成感がもたらされます。**こうした選択は、自分の人生をよりよくするために、彼ら自身が選択したものなのです。**

11・成功する人は選択する

労働者教師と教師のリーダーの違いがわかったところで、あなたはどちらになりたいと思ったでしょうか？　**労働者になると決めますか？　あるいはリーダーになることを選びますか？**

①決める（Decide）

Decide（決める）という言葉を分けて考えます。最初の「de-」には《離れる》《遠ざかる》という意味があります。Defeat（打ち負かされる）、destroy（破壊する）、denigrate（中傷する）、deemphasize（重視しない）などの例があり、ネガティブな意味合いです。

次に「cide」は《切る》《殺す》という意味で、例としてはsuicide（自殺）、pesticide（抗病虫害剤）、insecticide（殺虫剤）、herbicide（除草剤）などがあります。つまり、de-cideとは、《切って遠ざける》《殺して離れる》というような、決して楽しそうな作業ではありません。

多くの人は、切り捨てることで決断をします。レストランで、メニューを決められない人と一緒になったことはありませんか？　みんながその人が決めるのを待っていると、ある人がたまりかねて言います。「決めるのにどれだけかかるの？　いつになったら決まるの？　決められないの？」。

それで言われた人は注文をするでしょうか？　そんなことはありません。その場にいる人たちに何を頼むのか聞いてまわり、同じものにします。

「ターキーのサンドウィッチにするの？　じゃあ、私もそうする。マヨネーズ抜き？なるほど。私もそうする。同じものでお願いします」。

食事はクローンのようになってきます。

こうした決め方をする人は、どうなるのでしょう？　**自分のすべき決断を他人に任せてしまっているので、被害者になっているとも言えるでしょう。**

②選ぶ（Choose）

「リーダーは決め（decide）てはいない。選んで（Choose）いる」

リーダーは、自分の人生をコントロールしています。彼らは、人生でいいものは、自分自身で学んだことが元になっていることを知っています。自分で幸せを生み出しますが、その多くは人のためになることをしたり、人と共有したりすることで得られるものです。リーダーは問題や障壁、困難に、楽しんで取り組みます。

リーダーは、達成することに意識が向いています。タスクや仕事を超えたものを見通すビジョンを持っています。「選ぶ」という言葉の意味を知っていて、どのように使うかもわかっています。

リーダーは「選び取る」	労働者は「決める」
・人生の報酬は、自分で獲得するものだ。	・他人が与えてくれるものが、人生の報酬だ。
・自分の幸せは、私自身がつくりだす。	・他の人たちが、私を幸せにしてくれると期待している。
・人を助けたり、人と共有したりすると、人生はよくなる。	・新しいXやもっとYがあれば、人生はよくなる。
・人生は私が求めるもの、選び取っているものなので、満足している。	・こんなことを全部やらなくて済むなら、人生もっと楽になる。
・困難なことは楽しい。人生の万能薬だ。	・静かに、そっとしておいてほしい。
・これをやろう。それから家に帰って家族とすばらしい夜を過ごそう。	・これはできない。家に帰って犬に餌をやらなければならない。
・数学の研究会が待ち遠しい！	・週末が待ち遠しい！

・選ぶというのは、自分の選択に責任を持つこと。
・選ぶというのは、自分の選択に義務が伴うこと。
・選ぶというのは、自分の行動をコントロールしているということ。
・選ぶというのは、自分の選択の結果を受け入れること。何かがうまくいかなければ、その責めは私が負う。一方、成功したら、報酬は私が獲得したもの。

決めるタイプの労働者教師は、成功、幸せ、お金、尊敬を追い求めていません。それで、望んでも報酬が得られないのです。

リーダーでプロの教育者は、追い求めるものを何でも手に入れます。幸せ、成功、お金、達成、人気、プロとして尊敬を集めることなどです。リーダーとは結果を手に入れることを求め、達成を追い求めることに情熱を傾ける人たちです。

「決めること」と「選ぶこと」の違いがわかったところで、あなたは、改めて何を決め、どうすることを選びますか？

12・私たちの選択が未来をつくる

1955年12月1日、ローザ・パークスという42歳のアフリカ系アメリカ人は、ある選択をしました。その選択がなされたのは、2857番バスの中でした。

現在、そのバスはミシガン州、グリーンフォード・ビレッジ、ディアボーンにあるヘンリー・フォード博物館に展示されていて、乗車できるようになっています。**運命の日にローザ・パークスが座ったのと同じ席に腰を下ろすことで、歴史を追体験できるのです。**

当時、ジム・クロウ法によって、バスの前から10列までは白人専用と決まっていました。ローザ・パークスは規則通り、白人セクションの1列後ろの11列目に座っていました。ところが、その日は混雑していて、バスの席はすぐに埋まってしまいました。ある白人男性がバスに乗りこんだとき、運転手は（当時の人種分離の慣例に従って）白人専用席のすぐ後ろの席に座っていた4人の黒人全員に、その男性が座れるように立つように言いました。ローザ・パークスは、静かに断りました。

警察がバスにやってきて、ローザ・パークスに言いました。「そこにそのまま座っているなら、刑務所に入ってもらうことになりますよ」。彼女の答えはこうでした。「構いません」。そして、「生まれてから42年間、ずっと押し込められてきて、今日ようやく抜け出すの。それに比べたら、あなたの言う刑務所がなんだっていうの？」ということを礼儀正しく言ったのです。

その日、バスでローザが取った行動は、究極的な彼女の選択でした。

彼女の逮捕の後、地元の人権活動家たちがモンゴメリー・バスのボイコット運動を起こしました。そのリーダーとなったのは、モンゴメリーに赴任したばかりのバプテスト派の若い牧師でした。マーティン・ルーサー・キング・ジュニア（キング牧師）です。

モンゴメリーでは、バスを利用する人の75％がアフリカ系アメリカ人だったため、このボイコットはバス会社にとって深刻な経済的打撃となり、コミュニティーの白人ルールにも影響を及ぼしました。ボイコットは１９５６年の12月まで381日間続き、連邦最高裁判所は人種分離の条例に対して違憲判決を出しました。こうしてモンゴメリーのバスにおいて、人種差別は禁じられるようになりました。

ローザ・パークスの逮捕がきっかけで、人種、宗教、出身国などにかかわらず、アメリカで暮らすすべての人が、座る場所、食事をする場所、信仰の場所、学ぶ場所を自由に選

ぶことができるようになったのです。

13・あなたは学ぶことを選ぶ

誰もが学ぶ自由があります。チーム・ミーティングで、人がどこに座るかに注目してみましょう。一番後ろの席、あるいは隅のほうの席を確保するために早めに来る人もいます。メッセージははっきりしています。「できるだけ学びたくないし、協力したくもない」です。自分たちが文句を言っている子どもたちと同じ態度をとっているのです。

もし、あなたの学校の教師がこうした態度をとっているようなら、やめさせるようにしましょう。ネガティブな影響を及ぼしますし、学校の雰囲気が悪くなります。子どもたちにもこうした態度はとらないよう教えましょう。

仮にあなたが非常に優秀な教師で、授業や指導計画がすばらしくても、ネガティブな学校文化の中で働いていたら、その文化に染まっていくということは、悲しい事実です。

ローザ・パークスはあの日、座ることで人種差別が行われる状況をつくったという見方もできます。

教師として、ネガティブな文化に染まってしまったのなら、子どもたちが敗北者になることに加担したということになります。

かつて、マイノリティーの人たちを差別し、いられる場所を制限していた時代がありました。その人たちは何も得られず、その他大多数の人たちは、何でも選べました。仕事も、機会も、学校教育もです。

でもローザ・パークスのような活動家のおかげで、現在では法的にあなたを差別できる人がいるとしたら、それはあなた自身だけでしょう。

ローザ・パークスと同時代の人たちのおかげで、今では自由世界におけるすべての機会に、平等にアクセスできるようになりました。彼女は、私たちにすばらしい遺産を残してくれました。そのうちの一つが、**学校や学びの選択**です。

プロの教育者は常に学び、成長することを選びます。プロの教育者は終わりのない旅の途中にいます。もっといいアイデア、新たな情報、よりよいスキルなどを求め、子どもたちをさらなる成功に導こうとしています。

14・新任教師のための基本

新任教師にとって、大切なのは最初の3年間です。ある統計によると、新任教師の約

40%が「仕事に就いて数年間で退職していく」と言われています。指導主事たちはこれを「自然減」と表現していますが、運動競技で言えば、「辞める」ということになります。教師という高貴な職業から去る理由がどんなものであろうと、成功する教師は辞めることはしません。プロの教育者は個人の成長の責任を受け止め、必要な時間を投資して子どもを変え、成功する教師になります。文句を言うのはやめましょう。何かのせいにするのはやめましょう。代わりに、マントラのようにこう唱えましょう。

やらなくてはならないことのためには、何を知る必要がある？
繰り返します。
やらなくてはならないことのためには、何を知る必要がある？

もちろん学級経営のやり方を知る必要がありますし、子どもたちの学びを評価すること、授業のやり方も知らなくてはなりません。それが本書の内容です。追加情報はウェブサイトにもあります。（teachers.net）（education-world.com）（e6educators.about.com）（sitesforteachers.com）

被害者にならないためにも、教育業界で何が起こっているのかも知っておかなくてはなりません。成功への手がかりに、いくつかウェブサイトを紹介します。ほぼ無料ですが、定期購読の手続きをして、メールで情報を受信できるものもあります。(ednews.org)(edweek.org)(gse.harvard.edu/~ngt/tcrecord.org)(NewTeacher.com)(publiceducation.org/newsblast_current.asp)

私たちの目的は、あなたが学級開きを順調に行う手助けをすることです。学級開きのタイミングで、あなたの人生も新たに開くことでしょう。正しいスタートを切ってください。成果を上げる教師になるべく、様々なことをしているという明確なビジョンを持ちましょう。

さらに教師のリーダーになる、ということを常に念頭に置きましょう。子どもにとって学びを達成する上で何よりも大切なのは、教師のリーダーの存在です。

繰り返しますが、子どもの学びを達成するのは、教育改革や、一時的なブームではありません。**子どもの学びの達成に一貫して影響力を持つのは、唯一教師の存在だけです。**

15・教師の大切さ

社会はリーダーシップの模範を求めています。それには教師がぴったりではないでしょうか？

教師と会社役員を比べてみましょう。会社役員と同じように、教師も日々、比較的大人数に対して成長を促すこと、経営すること、評価すること、生産性を上げる努力を行うことなどをしています。教師と医者を比べたら、教師のほうが医者よりも決まったルーティーン作業が少なく、複雑な判断をしていて、その回数もはるかに多いことがわかります。特定の教師に影響を受けて、自分も教師になりたいと考える人が増えています。他の職業では、必ずしもそうはなりません。教師には、影響力があるのです。

教師という職業は、あらゆる職業への可能性を開くものです。よりよい未来をつくることに、貢献できる仕事です。それが私たちのレガシーです。

懸命に献身的に努力をすると、人はリーダーになります。能力や才能だけでは、足りません。才能は重宝されますが、人格は報われます。人格は、能力と才能が揺るぎない努力と結び付き、長年の訓練を経て形成されます。そして、子どもたちの学びの達成に心血を注ぐリーダーたちは、さらに力を尽くします。

あなたが20年以上教師をしているのなら、教え子が訪ねてくれたときの感動を思い起こすことでしょう。まだ教え始めたばかりでも、あなたが将来そういう体験ができるように願っています。

■教師にとって人生最良の日

教師にとって、人生最良の日とは、かつての教え子が訪ねてくれるときでしょう。あなたは教室で授業をしています。授業が終わると、ふいにドアのところに人が現れます。かつての教え子ですが、あなたは気づきません。20年も経つと、子どもは変わるものです。保護者かしら、とあなたは思います。そこで単刀直入に聞きます。「何か用でしょうか?」。

「ミセス・ライリーですよね?」と、その人は言います。

あなたは、そっけなく答えます。「そうですが」。

「覚えていますか?　キースです。キース・マーロウです。23年前、先生のクラスにいました。ちょうどあの席、あそこに座っていました。覚えていますか?」

あなたは、とっさには思い出せませんが、記憶をたどりながら答えます。

「ああ、キースね。お元気?」

「おかげさまで。ミセス・ライリー、先生はお元気ですか？」

「ええ、元気にしていますよ」

「僕、引っ越して、今は２０００マイル離れたところに住んでいるんですが、ときどき両親に会いに戻ってくるんです。たまたま今日、空港に向かう途中に時間が少しあることに気づいて、先生に会いに行こうと思い立ったんです。まだこの学校で教えていらして、本当によかった。というのも、先生にぜひ伝えたいことがあるんです。今の僕があるのは、こういう生活を送れているのは、23年前に、先生に出会ったおかげです」。

キースは、ミセス・ライリーが教えてくれたことについては、何も言っていないことに注目しましょう。教室で行った、楽しい活動についても触れていません。

キースは、ミセス・ライリーを鑑《かがみ》として表現しています。彼にとって、先生はお手本だったのです。人生の中で、大事な大人の人でした。

キースは手を差し出し、ミセス・ライリーと握手します。「今日は、これだけを言いに来ました。『ありがとうございます』」。

キースは微笑み、満足気に頷くと、向きを変えてミセス・ライリーから歩き去ろうとします。そのとき、ミセス・ライリーは彼を呼び止めます。「キース、待ってちょうだい。私からも言いたいことがあるの」。

28人の子どもたちが見ている前で、涙を流し、彼女は言います。「キース、先生ってね、やってきたことが、これでよかったたって確認できることがあまりないものなの。でも、今日、あなたがしてくれたことは、先生なら誰でも望むことよ。誰かの人生を変えることができたって教えてくれた」。

声をつまらせ、ミセス・ライリーは言います。「今日という日を、すばらしいものにしてくれてありがとう」。

キースは、こう答えます。「こちらこそ、ありがとうございます。ミセス・ライリー、先生は、僕の人生をすばらしいものにしてくれました[42]」。

16・あなたが影響力です

クラスの成功を決めるのは、あなたです。そしてそれができるのも、あなたです。何をするかだけではなく、それよりも大事なのは、子どもたちに対する強い信頼と前向きな態度です。あなたのリーダーシップで、子どもたちの人生を変えることができます。

信じようと選んだことが、あなたがそうなろうと選んだことなのです。

■成功する教師の10の信念

1　信じてください。あなたのクラスに入ってくる子ども一人ひとりが成長し、学び、成功することを望んでいて、その能力があります。

2　信じてください。あなたには、子どもたちに触れ、高みに導く技術があります。

3　信じてください。毎日が、新しいことを始めることのできる1日です。

4　信じてください。あなたは、教育者という、職業に誇りを持ち、その天職に打ち込んでいるコミュニティーの一員です。

5　信じてください。子どもを迎えるあなたの微笑みは、想像するよりはるかに多くの人の心をあたためています。

6　信じてください。同僚、指導主事、保護者と協力すれば、子どもたちは育ちます。

7　信じてください。あなたは教えると同時に学ぶ人でもあり、毎年プロとして成長を続けています。

8　信じてください。懸命な努力が、成功につながります。

9　信じてください。教育は、人類の基本です。

10　信じてください。私たちは、あなたが子どもたちを成功に導く手助けをするために、ここにいます。

私たち教師がしていることは、奇跡です。すべての人を元気づけます。**あなたは、子どもが世界を見るための「窓」です。あなたは、重い気持ちを抱えた子どもにとって、「毎日の安らぎ」です。**たった一人の存在が、変化をもたらします。そして、それを実現する人を、私たちはリスペクトします。

「あなたは影響を与えるだけではない。あなた自身が影響力なのだ」

成果を上げる教師は…

1　プロの教育者である
2　教師のリーダーである
3　常に選び取る
4　子どもの人生に影響を及ぼす存在を目指す

エピローグ

成果を上げる教師の文化を広げていく

THE KEY IDEA　成果を上げる学校には一貫性がある

1・重要なのは一貫性

「成果を上げる学校には、一貫性という文化が存在する」

製品を買うとき、企業のサービスを受けるとき、あなたが求めるのは一貫性です。お気に入りの美容院、シリアル、レストラン、お店があるのは、そのためです。一貫性があるというのは、その製品やサービスを信頼できるということです。

さらに、自分の期待に応えてくれるということです。あなたは製品やサービスがどういうものかを理解していて、その予想通りであると、安心します。それは、現状維持で変化がない、ということではありません。

繰り返しますが、成果を上げるクラスには一貫性があります。本書の最初、11ページに戻って、クラスでの一貫性について読み返してみてください。「子どもは何を行うかを予測できる、安心できる学びの場を求めています。つまり一貫性のある環境です。学級経営が上手になされていれば、子どもたちは怒鳴られることもなく、学習に集中できます」。

本書はクラスの一貫性の話から始まり、その一貫性をどうやって確立すればいいのかを説明してきました。子どもたち全員が安全で、気にかけてもらっていて、目的のある環境にいるとき、その教室には一貫性があるとわかります。

●安全——子どもたちは学級経営がうまく行われている教室にいる（CHAPTER 3）

●気にかけてもらっている——教師は子どもの成功に対して前向きな期待を持っている（CHAPTER 2）

●目的がある——教師は、子どもたちが学ぶべきことを指導している（CHAPTER 4）

そして最後に、「学校の一貫性」についてお話しします。

2・熟達して成果を上げる

本書の副題は「成果を上げる教師になるために」です。誰もが成果を上げる教師になれる、と言うのが私たちのゆるぎない信念です。数々の研究の結果、子どもの学びをよくするのは、教師だということがわかっています。

「教師が、そして教師の指導実践が、子どものよりよい学びを達成する。カリキュラム・プログラムや学校の構造改革、法的手段などではない」

重要な二つの言葉を見ていきます。

■熟達する――知識と技術がある。

■成果を上げる――影響を持つ。結果を出す。

熟達し、成果を上げる教師は、計測可能な学びを生み出します。プログラムが結果を出すのではありません。**子どもの学びを達成するのは、教師です。**

「プログラムではなく教師が、子どもの学びを達成するのである」

うまくいっている学校と、そうでない学校の違いは、すぐにわかります。

× うまくいっていない学校は、プログラムに重きを置き、構造改革を繰り返します。何百万ドルも費やし、新しいプログラム（その年に流行っているもの）を導入しては、早くて簡単な解決法を求めています。

○ うまくいっている学校は、実践に重きを置きます。賢明にも、教師（人的資本）と、その教師の成果を上げるために投資をします。教えるのはプログラムではなく、基本的で、昔ながらの学術的な内容です。教師の指導実践の向上も目指します。子どものよりよい学びの達成のためには、教える技術が重要だということをわかっているからです。

次々とプログラムを購入するよりも、教員養成のために予算を使うほうが、ずっと有効

です。学校で特に支援を要する子どもには、知識や技術を教えるトレーニングを受けている教師を受け持たせることが大切だということを、教育のリーダーは知っています。成果を上げられない教師は、子どもの成長にほとんど影響を及ぼしません。こうした教師には、プログラムやスケジュールの改善や、学校の異動も効果はありません。子どもの学びは改善されないままです。

成果を上げる教師は、たとえどんな学校にいても、子どもの学びや達成に貢献します。成果を上げている指導主事は、教師を採用し、彼らが熟達し、成果を上げる教師となるようにサポートをします。

3・学校の最も大切な資産

ビジネス界の超大物、ピーター・ドラッカーは、「人的資本」という概念を打ち出し、人を「資産」だととらえました。産業革命の最中には、金、製品、建物、通貨のような物的資本がほとんどの富、そして事実上の経済成長の源だと考えられていました。

今日《こんにち》におけるデジタルの時代には、富と経済成長のために、企業は人的資本に投資します。**人的資本では、人が何を知っているか（熟達）と、何ができるか（成果を上げる）を**

見ます。人的資本は、物的資本の集積で測るのではなく、知識、スキル、態度で測ります。人的資本が物的資本にとって代わるという発想は画期的で、シカゴ大学の経済学者、ゲーリー・ベッカーは、ノーベル賞（1992年）を受賞しています。

企業では、次のトレンドをつくることや、よいアイデアを思いつくことを、社員に頼っています。人的資本は、企業にとって、富と未来です。人は重要な財産です。

ピーター・ドラッカーは、「ビジネスマンにとって最も**大切な資産**は何かと聞けば、人だという返事が返ってくるだろう」と言っています。資産とは、あなたがより大きな資産を得るために投資するものです。だから企業は人（経営者にとっての資産）をトレーニングするのに、毎年530億ドル使って企業にとっての価値を高めているのです。そのため、従業員を**人的資本**ととらえているのです。人、つまり資産がよくなれば、企業はより成長することになります。

ですが、指導主事や教育政策担当者に「最も大切な資本は何か」と聞くと、多くは、「お金やプログラム」と答えます。「教師が最も大切な資本です」という答えは、滅多に聞きません（研究ではそう繰り返し言われているのに、です）。

教師の指導の質が、子どもの学びを高め、あるいは子どもたちの習熟の差を縮めます。成果を上げている指導主事などは、教育のリーダーです。とある都市7か所を対象にした研究によると、子どもの学びの達成にプラスの結果が出るのは、次のような傾向があることがわかりました。

・はっきりとした指導への期待があること。
・幅広い専門的能力の開発に支えられること。
・それが数年間にわたって続くこと。[43]

野球のマネージャー、建設現場監督、弁護士事務所のシニア・パートナーに、新入社員が入ってきたらまず何をするか聞いてみましょう。きっと、初日から研修を行うと言うでしょう。そしてその研修は、従業員が辞めるまで続きます。

次に指導主事に、聞いてみてください。「何もしない」と言う人もいます。あるいは「新任教師にはメンターをつける」と答えますが、その経過を確認することはほとんどないでしょう。

子どもたちの習熟の差を縮めるには、教師の指導の差を埋めることです。教師に対してよい指導を行えば、教師は子どもたちによりよい指導を行います。

成果を上げる学校には、教師という資産に常に投資する文化があるのです。

4・成果を上げる学校のカルチャーをつくる

成果を上げる学校には、人的資本を元にした文化があります。そのような文化には、二つの特徴があります。信念と実践です。

1　信念：グループのビジョン、ゴールを信じること。
2　実践：信念を達成するために人が行うこと。

「よい学校には、必ずビジョンや信念があり、それは必ず子どもたちの成功につながる。学校は教師の実践により、その信念を達成していく」

成果を上げられない学校には文化がありません。そのため、教師を人的資本として育てるという意識が薄いのです。建物の中で孤立した各々が、それぞれの教室やオフィスにいて、本人が仕事だと思っていることをこなしているにすぎません。彼らが共有しているのは、駐車場くらいです。

「管理職の仕事は、学校文化を確立し、育み、広めることである」

リー・ダグラスは、都会にある学校の校長です。彼女の学校に通う600人の子どもたちは、ほとんどがマイノリティーで、家族構成や収入に困難が伴います。それでも、この学校の子どもたちのテストの点数はすばらしいものです。子どもも教師も学校に通うのが楽しく、教師が辞めるようなことはありません。**リー・ダグラスは、見事に学びの文化を自分の学校で確立したのです。**

毎朝、教師の叩くドラムの音で学校が始まります。ドラムの音が聞こえると、子どもたちは校庭に集まり、指定された列に並びます。子どもたちは手順を知っていて、校長からの「今日の列賞」をとりたいと思っているのです。

そして、数名の大人が手を上げます。校庭は静かになります。話し声はまったく聞こえません。教師が声を張り上げて指示することもありません。

朝の決まったやり方が始まり、指揮をとるのは子どもたちのグループです。毎週、違うクラスが指揮をします。そのクラスの違う子どもが前に進み出て、あらかじめ決められたその日行うことを主導します。

・忠誠の誓い
・30秒間の静かな瞑想
・校歌（火曜日と金曜日だけ）
・学校のモットー、誓い、スローガン
（これらは毎日、学校のビジョンと文化を確かなものにするために行われています）
・教師がその週のライフ・スキル（日常生活のためのスキル）をおさらいします。
・リー・ダグラスがいくつか短い連絡をし、「今日の列賞」を発表します。

選ばれたクラスは、子どもたちの先頭に立って校庭を離れ、他のクラスの子どもたちも続き、教室に入っていきます。

廊下を歩く子どもたちはおしゃべりをせず、互いに押したりもしません。**「閉じて組む」**を徹底しているからです。口を閉じ、腕を身体の前で組むということです。

それぞれの教室に入ると、そうです、始業ベルの課題があります。こうして1日が始ま好きです。

子どもたちは学校が大好きです。保護者も学校が大好きです。そして教師も、学校が大好きです。**誰もが安全で、気にかけてもらえる、目的ある環境で学ぶことになります。**

ある日、リー・ダグラスが顔を上げると、子どもたちの列の後ろに立つ保護者の横に3歳くらいの子どもが立っていました。その子は言うことを覚えていて、学校の子どもたちと一緒に暗唱していました。そして、リー・ダグラスにこう言ったのです。「僕、もう学校に行けるね！」と。

朝の決まったやり方を確立することで、学校文化は日々確かなものになります。

リー・ダグラスが新たな学校で仕事をする際には、8～10人の教師（人的資本）を一緒に連れていきます。その教師たちは、彼女が新しい学校で前向きな文化を創るための手助けをします。

ある年、リー・ダグラスは7校が保護観察になっている学区のコンサルタントを頼まれました。1年間で、彼女は6校を改善し、その学校は州の保護観察リストから外れました。1校はどうしたのでしょうか？　校長は言いました。「ミーティングのメモをなくしてしまったんです」。

5・教師の重要性

200以上の研究で、子どもの学びを改善する重要な要素は、知識と技術のある教師だという結果になっています[44]。

私たちはこのことを何十年も前から知っていますが、いまだにそれがきちんと認識されていない状況です。

人的資本である教師が成長すると、何よりも恩恵を受けるのは、あまり学びを達成できない子どもたちです（34ページ参照）。

貧しいマイノリティーの子どもたちの習熟度にギャップが生じているのは、経済状況や家族構成が理由ではありません。教師の質に差があるからです。その差が長期にわたってこのような結果を生み出しているのです。たとえば、成果を上げられない教師に2年間続けて教わった子どもは、その間に失われた学びを回復するのは非常に難しくなります。

6・教師の大切さ

ジョン・グッドランドによるＵＣＬＡ（カリフォルニア大学ロサンゼルス校）の研究は、40年間にわたる教育のアイデアを考察し、子どもの学びを達成するには、一つの要素しかないことを発見しました。

子どもの学びの達成を実現する、その唯一の要素は教師です。

さらにハーバード大学において、出版もされている大がかりな研究によると、人的資本を育て、教師の質を高めるために使ったお金は、学校の他のどんな資源に使うよりも、子どもの学びの達成に大きく貢献することがわかりました[45]。

教師が、そして教師がどういう研修を受けているかが、子どもが学びを達成できるかどうかを左右するのです。

7・管理職の大切さ

成果を上げる管理職は、教師がどう指導し、子どもたちがどう学ぶかに焦点を当てた学校文化を創り上げます。プログラムや組織の構造、流行、イデオロギーを中心に考えるようなことはしません。

●教育長――教育長のリーダーシップは、直接的に子どもたちの学びにつながります。教育長が教えること、学ぶこと（プログラムではなく）に集中すると、子どもの達成は改善されます。[46]

●校長――30年間にわたる調査を考察した研究では、指導的リーダーで、正しい指導方法（プログラムではなく）を教える校長は、学校の評価を中央値から10～19％、ポイントを引き上げることができるとしています。[47]

8・能力開発の大切さ

ある学区において、予算の80％以上は教師の給与に使われているにもかかわらず、指導主事や教育政策担当者は、採用後の教師について放任している、ということが少なくありません。きちんとした能力開発プログラムがなく、教師は教室に放り込まれます。カリキュラムさえ渡されない場合もあります。

成果を上げる教師を育むには、学級開きの包括的な導入プログラムが最適です。よい学校を、よい教師なしでつくることはできません。指導主事がよい学校にします。そして、よいクラスを生み出すのは教師です。

包括的なトレーニングは、ほとんどの仕事にとって当たり前のことです。野球のゼネラルマネージャー、建設現場の監督、弁護士事務所のシニア・パートナーにどういうことを行うのか、聞いてみてください。ドミノ・ピザやスターバックス、チーズケーキ・ファクトリー、マクドナルドといった主要なチェーン店の従業員に聞いてみてください。すべての従業員が「トレーニングを受けています」と答えるでしょう。

最高の教育を受けてきた新入社員であっても、職場でのトレーニングは必要です。大学を卒業し、医学部を出ていても、医者は何年も実習生として病院で働きます。新任の裁判官も、法律の学位や経験もありますが、裁判の大学で学びます。パイロットもポジションが変わるたびに初期トレーニングと周期的なトレーニングを受けます。副操縦士からパイロットになったり、737型機から757型機へというように、受け持つ飛行機が変わったりするときも同様です。

9・包括的な能力開発

バージニア州のホープウェル・シティ・スクールでは、新任教師は全員、以下の人員へアクセスができるようになります。

●**相棒**――指定された教師で、新任教師がちょっとした質問をしたり、アドバイスをしてくれる人。

●**コーチ**――学級経営や指導技術について専門知識を持っていて、それを伝授する。

●**指導教師**――教科についての質問に答える。校内に5人いて、それぞれ英語、数学、科学、社会、技術を担当する。

バージニア州、ホープウェルのカーター・G・ウッドサン・スクールでは、新任教師は「**シャワー**」で歓迎されます。箱やバスケットが置かれ、その中に他の教師たちが資料や掲示板、付箋紙、クレヨン、本など教室に必要なものを入れていくのです。

その後、スタッフの手を借りて、新任教師のあなたが、教室を準備します。

10・チーム重視の結果

企業で働く人々のほとんどは、チームで仕事をします。それは、**チームで仕事をするほうが結果を残せる**からです。**孤立して仕事をする人は、結果を出しにくいものです。**ですが、ほとんどの学校では、スタッフが孤立するような組織づくりになっています。

協働的な作業はほとんど行われていません。さらによくないのは、新任教師は他の教室での授業を見ることがほとんどないのです。孤立し、サポートもないと、新任教師の不安は深まるばかりです。

ある研究では、「協力して働くことが多い教師は**生産性が上がり、仕事の質もよくなる**」という結果が出ています[48]。

低所得者層が多い地域で成功している学校では、教師と校長が教師同士がアイデアや手順を共有し、共に働く時間を設けていました。シュモーカー・モデル（366ページ参照）は、学校での協力を推進するツールの一例です。

プロの教師は一人で仕事をしません。チームで働きます。教師がチームで集まって問題に取り組むと、助けを必要とする子どもと向き合う集団の一員となります。

教師のネットワークや研究会で専門能力を身に付けるほうが、個別のメンターに教わるより、教師の学びが高まるということもわかっています[49]。**協力するとき、教師は本当によく学ぶのです。**

11・協力体制が、教師をとどまらせる

このことはよく知られていることです。孤立して仕事をする教師には、子どもの学びを確かなものにすることはほぼ不可能です。

ハーバード教育学大学院の「次世代の教師についてのプロジェクト」（Project on the

Next Generation of Teachers）のスーザン・ムーア・ジョンソンは、次のように言っています。「私たちの研究でわかったのは、学校では1対1のメンター制度を採用するよりも、学校全体で情報やアイデアを新任教師とベテラン教師が広く意見交換できるような場をつくるほうがいいということです[50]」。

「よく考えられたカリキュラムをつくっている、学年ごとのチームは、幅広いカリキュラムを使っている個々の教師の集団よりも、常によい結果を出す」

現在、アメリカ国内において採用されている教師の多くはY世代です。この世代の教師は、協働的な学びの環境を好みます。彼らは協力することが好きで、仕事の吸収がはやく、エネルギーに満ちています。こうした新しい世代の教師の集団的な知性や創造力、才能をうまく活用することができる学校は、子どもたちによりよい学びを提供できるでしょう。新任教師が、すでにある学びのチームに加わるようになれば、学校や教師は大いに成果を上げられるでしょう。

12・さあ、新しいページを開くときです！

「企業では、毎年530億ドルを研修に使っている。
教育機関では、毎年73億ドルを教師の採用と入れ替えに使っている」

毎年、学区では何十億ドルも費やして教師を採用し、前年採用した教師との入れ替えを行います。その費用の一部さえあれば、きちんと構成された、持続可能な、教師の専門能力を開発するプログラムに使うことができるはずです。**教師は仕事がうまくいっていれば、その場にとどまろうとします。**

次のことがわかっています。

・子どもの学びの達成に唯一、そして最も影響するのは、成果を上げる教師の存在だ。
・新任教師はベテランの教師ほど、成果を上げることができない。
・孤立して仕事をする教師は、学びのチームの一員として仕事をする教師ほど成果を上げることができない。
・前年採用した教師の代わりに、同じポジションで新たな人を採用し続けるのは、合理的でなく、費用がかさむ。
・新任教師はトレーニングを受け、協働的なサポートが得られれば成功し、その学校にとどまるようになる。

つまり、新任教師をとどまらせ、教師の指導力の差を埋めるには、そして、子どもの学びの達成を実現していくには、新任教師に次のことを行うのが有効です。

1　首尾一貫した導入プログラム、これまで継続している専門的な能力開発プログラムを自然に受けられるようにする。
2　学年ごと、あるいは内容ごとの学びのチームで、新任教師がすぐに参加できるようにする。

そろそろ教育に「そうか！」という、新たな発想が起こるときがやってきました。新たなページをめくり、先に進むべきタイミングなのです。

新たな世代の教師のリーダー、指導主事が必要とされています。自分たちを人的資本ととらえ、指導改善のスキルを取り入れることができる人たちです。新たなプログラムや構造改革、イデオロギーは必要ありません。

ビジネスで最終的に大切なのは収益ですが、**教育で最終的に大切なのは、学びを確かなものにすることです。**専門能力の開発の最終的な目的は、子ども一人ひとりの学習であるべきです。

そのためには、どんな人にも備わっている知識、技術、能力を育むようにしましょう。専門能力開発で、人的資本を継続的に伸ばしていくことが、子どもの学びを確かにします。教師は貸借対照表には出てこない唯一の資産ですが、学校にとっては最も大事な資源です。今、採用している教師が、次世代の教師になります。彼らの成功が、教わる子どもたちの世代全体の成功を左右します。

成果を上げる学校は、未来に投資します。そこには、熟達した、**成果を上げる教師の文化があります。予想できる結果の文化があります。一貫性の文化があります。**

子どもたちに前向きな未来をつくるための、あなたの努力と情熱に心から感謝をこめて。

ハリーとローズマリー

著者・訳者紹介

ハリー・ウォン［著］

Harry K. Wong

サンフランシスコ出身。カリフォルニア大学バークレー校で学士号を取得、ブリガム・ヤング大学で博士号を取得している。以前は、科学の高校教師として勤務していた。その際、子どもたち1人1人に問題行動が起こらず、学びに熟達する結果をもたらす手法を開発したことで、ナショナル・ティーチャーズ・ホール・オブ・フェームの特別功労賞を受賞するなど、多くの栄誉を受けている。インストラクター誌では、教育界で最も尊敬されている人物20名の中の1人にも選ばれた。

ローズマリー・ウォン［著］

Rosemary T. Wong

サウスイースタン・ルイジアナ大学、ルイジアナ州立大学、ブリガム・ヤング大学で学位を取得。サウスイースタン・ルイジアナ大学とルイジアナ州立大学から優秀卒業生として表彰されている。小学校と中学校の教員を務めた後、カリフォルニアにおいて教師のメンターとして活躍。シリコンバレー・ウーマン・オブ・アチーブメント賞を受賞している。

2人は、「成果を上げる教師：Effective Teacher」の第一人者として活躍。アメリカ各地で講演依頼が殺到し、その予定は数年先まで埋まっている。ハリーはこれまで世界中で、100万人以上の教育者に向けて講演を行ってきた。2010年からはローズマリーも共に講演するようになり、今では2人でプレゼンテーションを行う度に、スタンディング・オベーションを受けている。

2人の最大の功績は、教育界で前例のないベストセラーとなっている『the First Days of School』の出版であり、その売上は400万部以上に達し、8か国語に翻訳され出版。この本により、学校は次々と生まれ変わり、何万人もの教師の人生が好転していった。また、「the First Days of School Foundation (www.FDSFoundation.org)」を創設し、カンボジアのジャングルの中に学校を建て、毎年400人以上の子どもたちが、学ぶ機会を手にしている。

稲垣みどり［訳］

Midori Inagaki

翻訳者。上智大学文学部英文学科卒業。幼少時の大半をヨーロッパで過ごす。日本興業銀行（現・みずほ銀行）を経て外資系金融会社に勤務。主な訳書に『ビッグデータ時代襲来　顧客ロイヤルティ戦略はこう変わる』（アルファポリス）、『大統領の疑惑』（キノブックス）などがある。

原　　注

1 Brooks, Douglas M. (May 1985). "The First Day of School." *Educational Leadership*, pp. 76-78.

2 Ryan, Kevin. (1986). *The Induction of New Teachers*. Bloomington, Ind.: Phi Delta Kappa.

3 Good, Thomas L., and Jere Brophy. (2007). *Looking in Classrooms*. Needham, Mass.: Allyn & Bacon, pp. 8, 9, 12, 47, 71, and 301.

4 Breaux, Annette, and Harry K. Wong. (2003). *New Teacher Induction: How to Train, Support, and Retain New Teachers*. Mountain View, Calif.: Harry K. Wong Publications, Inc.

5 Rowan B., R. Correnti, and R. Miller. (2002). "What Large-Scale Survey Research Tells Us About Teacher Effects on Student Achievement." *Teachers College Record*, 104, pp. 1525-1567.

6 National Commission on Teaching and America's Future. (November 1997). *Doing What Matters Most: Investing in Quality Teaching*. NCTAF, 2100 M Street NW, Suite 660, Washington, D.C. 20037, p. 8.

7 Sack, Joetta. "Class Size, Teacher Quality Take Center Stage at Hearing." *Education Week*, May 5, 1999, p. 22.

8 National Commission on Teaching and America's Future, p. 9.

9 Rivers, June C., and William L. Sanders. "Teacher Quality and Equity in Educational Opportunity: Findings and Policy Implications." Presented at the Hoover/PRI Teacher Quality Conference, Stanford University, May 12, 2000, p. 4.

10 Sanders, William L. (1996). "Cumulative and Residual Effects of Teachers on Future Student Academic Achievement." University of Tennessee Value-Added Research and Assessment Center, p. 7.

11 Marzano, Robert. (2003). *What Works in Schools: Translating Research into Action*. Arlington, Va.: Association for Supervision and Curriculum Development (ASCD), p. 74.

12 National Education Association. (2006). *Closing Achievement Gaps: An Association Guide*. Washington, D.C.: National Education

Association (NEA), p. 19.
13 Rosenthal, Robert, and Lenore Jacobson. (1968). *Pygmalion in the Classroom*. New York: Holt, Rinehart and Winston.
14 U.S. Department of Education. (1986). *What Works: Research About Teaching and Learning*. Washington, D.C.: U.S. Government Printing Office, p. 7.
15 Editorial Projects in Education Research Center. *Education Week*.
16 Purkey, William W., and John Novak. (1996). *Inviting School Success*. Belmont, Calif.: Wadsworth; Purkey, William W., and Betty L. Siegel. (2003). *Becoming an Invitational Leader*. Atlanta: Humanics Trade Group.
17 Wang, Margaret, Geneva Haertel, and Herbert Walberg. (December 1993/January 1994). "What Helps Students Learn?" *Educational Leadership*, pp. 74–79.
18 Good, Thomas, and Jere Brophy. (2007). *Looking in Classrooms*. Needham, Mass.: Allyn & Bacon, pp. 8, 9, 12, 47, 71, and 301.
19 Emmer, Edmund T., Carolyn M. Evertson, and Murray E. Worsham. (2003). *Classroom Management for Secondary Teachers*. Boston: Allyn & Bacon; Evertson, Carolyn M., Edmund T. Emmer, and Murray E. Worsham. (2006). *Classroom Management for Elementary Teachers*. Boston: Allyn & Bacon.
20 Wang, Haertel, and Walberg.
21 Brooks, Douglas. (May 1986). "The First Day of School." *Educational Leadership*, pp. 76–79.
22 Brophy, Jere, and Carolyn M. Evertson. (1976). *Learning from Teaching: A Developmental Perspective*. Needham Heights, Mass.: Allyn & Bacon.
23 Emmer, Evertson, and Worsham; Evertson, Emmer, and Worsham.
24 Evertson, Carolyn M., and L. Anderson. (1979). "Beginning School." *Educational Horizons*, 57(4), pp. 164–168; Emmer, Edmund T., Carolyn M. Evertson, and L. Anderson. (1980). "Effective Classroom Management at the Beginning of the School Year." *Elementary School Journal*, 80(5), pp. 219–231.

25 Evertson, Carolyn M. (1985). "Training Teachers in Classroom Management: An Experiment in Secondary Classrooms." *Journal of Educational Research*, 79, pp. 51-58; Evertson, Carolyn M. (1989). "Improving Elementary Classroom Management: A School-Based Training Program for Beginning the Year." *Journal of Educational Research*, 83(2), pp. 82-90.

26 Brooks, Douglas. (May 1985). "The First Day of School." *Educational Leadership*, pp. 76-78.

27 Wenglingsky, Howard. (2000). *How Teaching Matters: Bringing the Classroom Back Into Discussions of Teacher Quality*. Educational Testing Service.

28 Hershberg. T. (December 2005). "Value-Added Assessment and Systemic Reform: A Response to the Challenges of Human Capital Development." Phi Delta Kappa *Kappan*.

29 Schmoker, Mike. Author of *Results: the key to continuous school improvement*. (1996). Alexandria, Va.: Association for Supervision and Curriculum Development. Retrieved from an email correspondence with authors April 2007.

30 Marzano, Robert. (2003). *What Works in Schools: Translating Research into Action*. Alexandria, Va.: Association for Supervision and Curriculum Development.

31 Porter, Andrew. (October 2002). "Measuring the Content of Instruction: Uses in Research and Practice." *Educational Researcher*, 31 (7) pp. 3-14. Updated from an email correspondence with authors August 2007.

32 Kauffman, D., S. M. Johnson, S. Kardos, E. Liu, and H. G. Peske. (March 2002). "Lost at Sea: New Teachers' Experiences With Curriculum and Assessment." *Teachers College Record, 104*(2), pp. 273-300.

33 Wise, Kevin, and James Okey. (1983). "A Meta-Analysis of the Effects of Various Science Teaching Strategies on Achievement." *Journal of Research in Science Teaching*, pp. 419-435.

34 Bloom, Benjamin S. (ed.). (1956). *Taxonomy of Educational*

Objectives: Cognitive Domain. New York: Longman.

35 Guskey, Thomas R. (1996). *Implementing Mastery Learning*. Belmont, Calif.: Wadsworth.

36 Wiggins, G., and J. Tighe. (2004). *Understanding by Design*. Alexandria, Va.: Association for Supervision and Curriculum Development.

37 Schmoker, Mike. (1999). Results: *The Key to Continuous School Improvement*. Alexandria, Va.: Association for Supervision and Curriculum Development.

38 "Rate Your School: Here's How to Do It." (October 2000). *Catalyst*. Available at www.catalyst-chicago.org/10-00/1000rate.htm.

39 Schmoker, Mike. (2001). *The RESULTS Fieldbook: Practical Strategies from Dramatically Improved Schools*. Alexandria, Va.: Association for Supervision and Curriculum Development.

40 *Beat the Odds: Why Some Schools with Latino Children Beat the Odds... and Others Don't*. (2006). The Center for the Future of Arizona. http://www.arizonafuture.org.

41 Schmoker, Mike. (1999).

42 Wong, H. (2007). "The Greatest Day of a Teacher's Life." *So to Teach: Inspiring Stories that Touch the Heart*. Indianapolis, Ind.: Kappa Delta Pi.

43 Cross, C. T., and D. W. Rigden. (April 2002). "Improving Teacher Quality." *American School Board Journal*, 189(4), 24-27.

44 National Commission on Teaching and America's Future. (November 1997). *Doing What Matters Most: Investing in Quality Teaching*. Washington, D.C.

45 Ferguson, R. "Paying for Public Education." *Harvard Journal on Legislation*. 1991.

46 Waters, J. T., and Robert J. Marzano. (2006). *School District Leadership that Works: The Effect of Superintendent Leadership on Student Achievement*. Aurora, Col.: Mid-continent Research for Education and Learning (McREL).

47 Waters, J. T., R. J. Marzano, and B. A. McNulty. (2003). *Balanced*

Leadership: What 30 Years of Research Tells Us About the Effect of Leadership on Student Achievement. Aurora, Col.: Mid-continent Research for Education and Learning (McREL).

48 Guskey, T., and M. Huberman (eds.). (1995). *Professional Development in Education: New Paradigms and Practices.* New York: Teachers College Press.

49 Garet, M., A. Porter, L. Desmoine, B. Birman, and S. K. Kwang. (2001). "What Makes Professional Development Effective?" *American Educational Research Journal,* 38(4), pp. 915–946.

50 Johnson, Susan Moore, and Sarah E. Birkeland. "Pursuing a Sense of Success: New Teachers Explain Their Career Decisions." *American Educational Research Journal,* Fall 2003, p. 608.

世界最高の学級経営
—成果を上げる教師になるために
the FIRST DAYS OF SCHOOL —How to be an effective teacher

2017（平成29）年３月29日　初版第１刷発行
2022（令和４）年１月31日　初版第12刷発行

著　者　ハリー・ウォン／ローズマリー・ウォン
訳　者　稲垣みどり
発行者　錦織圭之介
発行所　株式会社 東洋館出版社
〒113-0021　東京都文京区本駒込 5-16-7
営業部　TEL：03-3823-9206
FAX：03-3823-9208
編集部　TEL：03-3823-9207
FAX：03-3823-9209
振　替　00180-7-96823
ＵＲＬ　http://www.toyokan.co.jp

［装　丁］中濱健治
［本文デザイン］竹内宏和（藤原印刷株式会社）
［印刷・製本］　藤原印刷株式会社

ISBN978-4-491-03334-1　　Printed in Japan